Tony Campolo

GUTES FÜR DIE SEELE

GUTES FÜR DIE SEELE

117 geistliche Muntermacher für jeden Tag

TONY CAMPOLO

cap-books

Bestell-Nr.: 52 50428
ISBN 978-3-86773-128-7

Oberer Garten 8
D-72221 Haiterbach-Beihingen
07456-93930
info@cap-music.de
www.cap-music.de

Originaltitel: Stories that feed your soul

Originally published in the U.S.A. by Regal Books
A Division of Gospel Light Publications, Inc.
Ventura, CA 93006 U.S.A.

Übersetzt von Melanie Schmitt, Christian Mörken, Martina Fix,
Andreas Claus, Nathalie Schumann
Satz und Druck: Schönbach-Druck, Erzhausen

Bibelzitate:
(LUT) Lutherbibel, revidierte Fassung 1984, Deutsche Bibelgesellschaft
(NGÜ) Neue Genfer Übersetzung, Genfer Bibelgesellschaft
(NLB) Neues Leben Bibel, SCM-Verlage
(HFA) Hoffnung für Alle, Brunnen Verlag Basel
(GN) Gute Nachricht, Deutsche Bibelgesellschaft

Gewidmet Joel Kent Holland.

Ein Mann der Integrität,
ein Schwager, der Gott und seine Familie liebt.

INHALTSVERZEICHNIS

TEIL 3: NÄHE ZU GOTT

TEIL 4: DER AUFTRAG, DIE SCHÖPFUNG ZU RETTEN

TEIL 5: MIT HOFFNUNG LEBEN

TEIL 6: DAS GEBET IM GEIST

TEIL 7: GOTTES PLAN FÜR UNS

EINLEITUNG

„Dem Evangelium wird selten volles Gehör geschenkt. Meistens wird es nur nebenbei oder gar zufällig gehört", sagte Sören Kierkegaard, der dänische, existenzialistische Philosoph und Theologe.

Kierkegaard verglich das Lesen der Bibel mit jemandem, der zufällig ein Gespräch mit anhört. Er fordert uns auf, sich vorzustellen, man stünde hinter zwei Männern an einer Straßenecke, während man darauf wartet, dass die Ampel für die Autofahrer auf Rot schaltet, damit man die Straße überqueren kann. Die Männer sprechen über jemanden – und dann plötzlich merkt du, sie sprechen über dich! Du hörst genau hin, denn was sie sagen, beinhaltet zwar Kritik, ist aber auch aufschlussreich über deine Person. Genauso verhält es sich beim Lesen der Bibel. Während du die Geschichten und Gespräche liest, die vor Tausenden von Jahren in der Bibel aufgezeichnet wurden, wird dir wahrscheinlich bewusst, dass das, was gesagt wird, dir gilt. Obwohl du nicht direkt angesprochen wirst, scheinen die Worte, die du liest, dennoch mit *deinen* Kämpfen, *deinen* Bedürfnissen, *deinen* Fragen und *deinen* Hoffnungen zu tun zu haben. Manchmal kann das, was man nur so nebenbei hört, ziemlich beunruhigend sein.

In der Bibel selbst finden wir Geschichten über Leute, die gewisse Dinge nur so nebenbei hören, weil sie zunächst denken, sicher seien andere gemeint, um dann aber herauszufinden, dass es um sie selbst geht. Das treffendste Beispiel hierfür ist David, Israels bedeutendster König. Durch eine Geschichte, die ihm Nathan, der Prophet, erzählt, wird David gezwungen, seiner eigenen, finsteren Seite ins Gesicht zu sehen. Dadurch muss er das entsetzlich Böse wahrnehmen, das er einer schönen Frau und ihrem unschuldigen Mann angetan hat (siehe 2. Samuel 12, 1-7).

Eines Tages schaute König David vom Dach seines Palastes herab und sah eine Frau namens Bathseba, die sich gerade wusch. David begehrte sie und beschloss, seine Lust in die Tat umzusetzen und sich Bathseba zu eigen zu machen.

Bathseba war bereits verheiratet und ihr Ehemann, Uria, einer von Israels Generälen, war mit dem Heer im Krieg.

Um eine lange Geschichte sehr kurz zu machen: David schlief mit Bathseba und als der König erfuhr, dass sie schwanger geworden war, veranlasste er, dass Uria an vorderster Front eingesetzt wurde, sodass er ganz sicher getötet würde. Nachdem Uria beseitigt war, machte David sie zu seiner eigenen Frau.

Nathan, Gottes Prophet, fiel die Aufgabe zu, David dahin zu bringen, dass er die enorme Größe seiner Schuld einsah. Nathan sprach dem König das Urteil nicht geradewegs ins Angesicht, sondern wählte stattdessen einen indirekten Weg. Er erzählte David eine Geschichte, die ihn förmlich dazu zwang, sich selbst zu verurteilen. Dies ist die Geschichte:

Ein reicher Mann besaß eine große Herde Schafe und darüber hinaus hatte er all die guten Dinge, die ein reicher Mann gerne genießt. Dennoch nahm dieser Mann, als sich ein Gast zum Essen anmeldete, von seinem armen Nachbarn dessen einziges, geliebtes Lamm; ein Lamm, das für den Armen wie ein Kind war. Der Reiche schlachtete das Lamm und servierte es seinem Gast. Den armen Bauern ließ er mit gebrochenem Herzen zurück.

Als Nathan seine Geschichte beendet hatte, war David außer sich und verlangte, dass der habgierige Mann vor einen Richter gestellt und hart bestraft würde. Erst als Nathan seinen Finger auf den König richtete und sagte: „Du bist der Mann!", begriff David, dass es in der Geschichte um ihn ging und dass er sich letztendlich selbst gerichtet und verurteilt hatte. Nathans Geschichte war, wie Kierkegaard sagen würde, die „indirekte Methode", durch die David sozusagen nebenbei mit Entsetzen feststellen musste, zu welch einer Person er selbst geworden war.

DAS EVANGELIUM ALS GANZES NUR SO NEBENBEI HÖREN

Den meisten von uns ist bewusst, dass es beim Christwerden eine objektive und eine subjektive Seite gibt. Einerseits akzeptieren wir, dass wir „gesunde Lehre" brauchen.

Wir erkennen an, dass unser Glaube aufgebaut werden muss auf festen, vorgegebenen Wahrheiten. Andererseits spüren wir aber auch, dass wir eine persönliche (subjektive), uns verwandelnde Begegnung mit dem auferstandenen, gegenwärtigen Christus brauchen.

Was die uns vorgegebene Wahrheit betrifft, glaube ich, dass die Grundsätze, die den Kern unseres Glaubens ausmachen, nicht besser ausgedrückt werden können als im Glaubensbekenntnis der Apostel. In diesem Bekenntnis finden wir einen kurzen, aber zusammenfassenden Überblick über die Lehren, die durch die Geschichte hindurch den christlichen Glauben definiert haben. Das Glaubensbekenntnis der Apostel wurde vor 1500 Jahren verfasst.

Gesunde Lehre, das realisieren die meisten von uns, ist allerdings nicht genug. Christ zu werden beinhaltet jedenfalls mehr als zu einer Liste von biblisch vorgeschriebenen und vorgegebenen Wahrheiten ja zu sagen. Wenn die intellektuelle Zustimmung zu der Tatsache, dass Jesus am Kreuz für unsere Sünden gestorben ist, schon ausreichen würde, um den Gläubigen Errettung zu verschaffen, dann wäre auch der Teufel „gerettet". Jakobus 2,19 sagt uns, „dass sogar die Dämonen glauben – und zittern!" (Elb). Es braucht also noch etwas mehr, um errettet zu werden, und zwar eine persönliche Hingabe an Gott. Dazu gehört das Einverständnis, dass Gott die Veränderungen in unserem Leben bewirken darf, die er möchte. Es beinhaltet eine emotionale, psychische und geistliche Offenheit für die Umwandlungen, die im achten Kapitel des Römerbriefes beschrieben werden als das Werk des Heiligen Geistes.

Die Evangelikalen glauben, dass Jesus an der Tür zur innersten Kammer unseres Herzens wartet und sagt: „Siehe, ich stehe an der Tür und klopfe an" Offb. 3,20 (LUT). Ihn verlangt danach, dass jeder von uns die existenzielle Entscheidung trifft, uns für das zu öffnen, was Er in unserem Leben tun möchte.

JESUS, DER GESCHICHTENERZÄHLER

Als Jesus vor zweitausend Jahren lebte, entschied er sich Geschichten zu erzählen, um seinen Jüngern und anderen Zuhörern zu helfen, seine Lehren besser und umfassender zu verstehen. Jesus gebrauchte Gleichnisse, weil er seinen Jüngern viele theologische Wahrheiten erklären wollte, damit sie sie besser begreifen konnten. Als Jesus den Jüngern einmal deutlich machen wollte, was sie über die Zukunft der Welt wissen sollten, erzählte er ihnen das Gleichnis vom Unkraut unter dem Weizen:

Das Himmelreich ist vergleichbar mit einem Bauern, der gutes Saatgut auf sein Feld säte. Doch in der Nacht, als alles schlief, kam sein Feind und säte Unkraut zwischen den Weizen und ging wieder weg. Als das Korn zu wachsen begann und Ähren ausbildete, kam auch das Unkraut zum Vorschein. Da kamen die Arbeiter des Bauern und sagten: „Herr, das Feld, auf dem du gutes Saatgut gesät hast, ist voller Unkraut!" „Das hat mein Feind getan!", rief der Bauer aus. „Sollen wir das Unkraut ausreißen?", fragten die Arbeiter. Er antwortete: „Nein, wenn ihr das tut, schadet ihr dem Weizen. Lasst beides bis zur Zeit der Ernte wachsen. Dann will ich den Erntehelfern sagen, dass sie das Unkraut heraussammeln und verbrennen sollen. Den Weizen aber sollen sie in die Scheune bringen." Matth. 13,24-30 (NLB).

Viele Bibellehrer glauben, dass der Weizen, über den Jesus in dieser Geschichte spricht, das Reich Gottes darstellt, und dass das Unkraut für das Reich des Bösen steht. In diesem Gleichnis veranschaulicht Jesus, dass die Zukunft gekennzeichnet sein würde sowohl durch die Zunahme des Bösen in der Welt als auch durch die wachsende Präsenz des Reiches Gottes. Beide Reiche würden an Größe und Bedeutung zunehmen bis zu dem Zeitpunkt, wenn die Geschichte der Menschheit ihren Höhepunkt finden würde in der Ernte, und gleichzeitig in der Zerstörung des Reiches des Bösen.

Ich erinnere mich, wie ich als Junge während eines Sonntagabend-Gottesdienstes in der Kirche saß und hörte, wie der Prediger in einem fort darüber sprach, wie die Welt mit jedem neuen Tag immer schlechter und dekadenter würde.

Er erklärte, dass sich alles auf der Welt in einer Abwärtsspirale befände. Dann fuhr er fort, seinen Vortrag zu untermauern mit Statistiken über die Zunahme von Scheidungen und Abtreibungen. Er zeigte auf, dass man Pornografie nicht mehr länger nur in „Sexshops" anträfe und dass die Kriminalität zur gesellschaftlichen Epidemie ausgewachsen wäre. Als der Prediger immer weiter fortfuhr und dabei wie ein Weltuntergangsprophet klang, sagte eine ältere Frau, die direkt hinter mir saß immer wieder: „Halleluja! Danke, Jesus!" und „Ja, ja!"

Als ich meine Mutter fragte, warum alle diese schlechten Nachrichten jene Frau so glücklich machten, erklärte sie mir, diese „bösen Dinge" seien für die Dame der Beweis, dass Jesus bald wiederkäme. Sie sagte zu mir, die Frau glaube, dass die Zunahme des Bösen in der Welt bedeute, dass Jesus sicher bald wiederkäme, um das Böse zu beenden. Ich bin überzeugt, dass etwas Wahrheit in dem steckt, was die Dame in der Gemeinde zum Ausdruck brachte. Satans Reich (das heißt, das Unkraut) wird mit jedem neuen Tag offensichtlicher in dieser Welt. Es ist ersichtlich, dass das Böse immer beherrschender und mächtiger wird. Wenn man nur die Abendnachrichten im Fernsehen ansieht, bekommt man genügend Beweise, die die Ansicht stützen, das Reich des Bösen nähme ständig zu. *Dennoch* dürfen wir angesichts dieser Tatsache nicht die Hinweise aus den Augen verlieren, dass das Reich Gottes sich ebenfalls rund um den Globus ausbreitet. Direkt neben dem Reich des Bösen wächst der Weizen, Symbol des Reiches Gottes, ebenfalls an Größe und Bedeutung. Es ist entscheidend für uns, innezuhalten und wahrzunehmen, dass zwar einerseits Dekadenz an der Tagesordnung zu sein scheint, wir aber andererseits wunderbare Berichte darüber hören, wie die Kirche, zum Beispiel in China, sich vervielfacht. Inmitten all dessen, was so völlig schlecht ist in dieser Welt, dürfen wir nicht die Erweckungen übersehen, durch die wöchentlich in den Dörfern und Städten Afrikas und Lateinamerikas Hunderttausende zum Glauben an Christus kommen. Auch das Gemeindewachstum in Südkorea ist einfach phänomenal.

- Die Weltuntergangspropheten irren sich, wenn sie die vielen positiven Zeichen nicht sehen, an denen man erkennen kann, dass das Reich Gottes kommt. Betrachten Sie diese Fakten: 1980 waren 70% der Weltbevölkerung Analphabeten. Heute beträgt diese Zahl 20%.
- 1980 litten 50% der Weltbevölkerung an Unterernährung. Heute beträgt diese Zahl 25%.
- 1980 starb eines von vier Kindern während seines ersten Lebensjahres. Heute ist es eins von acht Kindern.
- Im neunzehnten Jahrhundert starben fünfhundert Millionen Menschen an Pocken. Heute sind die Pocken fast ausgestorben.
- Kinderlähmung und Lepra sind beträchtlich zurückgegangen.

Einerseits bewahrt uns das Gleichnis vom Unkraut unter dem Weizen davor, überoptimistisch bezüglich der Zukunft zu werden, wie es die früheren, liberal eingestellten Verkündiger des „sozialen Evangeliums" waren. Sie predigten, die Menschheit würde sich einfach weiterentwickeln zu einer utopischen Gesellschaft. Andererseits hält uns diese Geschichte davon zurück, so pessimistisch bezüglich der Zukunft zu werden wie der Prediger, den ich als Junge gehört hatte, der nichts Gutes mehr in dieser Welt sehen konnte.

Die Botschaft Jesu in diesem Gleichnis ist ausgewogener als die beiden extremen Standpunkte. In dieser einfachen Geschichte zeigt Jesus eine Lehre der zukünftigen Dinge auf, mit deren Erklärung intellektuelle Theologen sicher viele Bände füllen könnten. Jesus gab uns tiefe Wahrheiten über die Zukunft in einer Form, die einfach zu verstehen ist. Er erzählte uns eine Geschichte.

WIE STEHT ES UM DIE BEREITSCHAFT, DIE WAHRHEIT ÜBER SICH SELBST ZU HÖREN?

Jesus benutzte Gleichnisse nicht nur, um uns zu erklären, worum es beim Reich Gottes geht, und wie es sich in der Geschichte entfaltet. Er gebrauchte auch verschiedene Geschichten und Analogien, um uns verstehen zu helfen, was wir ganz persönlich erleben müssen, wenn wir „von Neuem geboren" werden wollen. In einer Geschichte beschreibt Jesus eine seiner denkwürdigsten Begegnungen mit einem Menschen und lehrt uns dadurch die übernatürlichen Dimensionen einer rechten Beziehung mit Gott. In Johannes 3 lässt uns Jesus wissen, dass etwas in unserem Inneren passieren muss (wie Kierkegaard sagen würde), wenn wir die persönliche Verwandlung erleben wollen, die eine Voraussetzung ist, um Teil Seines Reiches zu werden.

Eines Nachts kam ein Pharisäer mit Namen Nikodemus zu Jesus, der zu den führenden Juden zählte. „Meister", sagte er, „wir alle wissen, dass Gott dich gesandt hat, um uns zu lehren. Die Wunder, die du tust, beweisen, dass Gott mit dir ist." Jesus erwiderte: „Ich versichere dir: Wenn jemand nicht von neuem geboren wird, kann er das Reich Gottes nicht sehen." „Was meinst du damit?", rief Nikodemus aus. „Wie kann denn ein alter Mensch wieder in den Leib seiner Mutter zurückkehren und zum zweiten Mal geboren werden?" Jesus erwiderte: „Ich sage dir: Niemand kommt in das Reich Gottes, der nicht aus Wasser und Geist geboren wird. Menschen können nur menschliches Leben hervorbringen, der Heilige Geist jedoch schenkt neues Leben von Gott her. Darum wundere dich nicht, wenn ich sage, dass ihr von neuem geboren werden müsst. Der Wind weht, wo er will. Du hörst ihn zwar, aber du kannst nicht sagen, woher er kommt oder wohin er geht. So kannst du auch nicht erklären, wie die Menschen aus dem Geist Gottes geboren werden." Joh. 3,1-8 (NLB).

In einem anderen Gleichnis beschreibt Jesus auf brillante Weise verschiedenste persönliche Reaktionen von Hörern des Evangeliums. Ich beziehe mich auf das bekannte Gleichnis vom Sämann. Jesus erzählt seinen Zuhörern:

Ein Bauer ging aufs Feld, um zu säen. Als er die Saat über das Feld ausstreute, fielen einige Körner auf einen Weg, und die Vögel kamen und pickten sie auf. Andere Körner fielen auf eine dünne Erdschicht mit felsigem Untergrund. Die Saat ging schnell auf, aber schon bald vertrockneten die Pflänzchen unter der heißen Sonne, weil die Wurzeln in der dünnen Erdschicht keine Nahrung fanden. Andere Samenkörner fielen in die Dornen, die schnell wuchsen und die zarten Pflänzchen erstickten. Einige Samen aber fielen auf fruchtbaren Boden, und der Bauer erntete dreißig, sechzig ja hundert Mal so viel, wie er gesät hatte. Wer hören will, der soll zuhören und begreifen!" Matth. 13,3-9 (NLB).

Dies ist das einzige Gleichnis, das Jesus seinen Jüngern im Anschluss erklärte. Als Jesus sah, dass sie nicht dessen volle Bedeutung verstanden hatten, sagte er zu ihnen:

Die Saat, die auf den harten Weg fiel, steht für die Menschen, die die Botschaft vom Reich Gottes hören, sie aber nicht verstehen. Dann kommt der Teufel und reißt ihnen die Saat aus dem Herzen. Der felsige Boden steht für jene, die die Botschaft hören und sie freudig aufnehmen. Aber wie bei jungen Pflänzchen in einem solchen Boden reichen ihre Wurzeln nicht sehr tief. Zuerst kommen sie gut zurecht, doch sobald sie Schwierigkeiten haben oder wegen ihres Glaubens verfolgt werden, verdorren sie. Die Dornen stehen für jene, die das Wort Gottes hören und es annehmen. Doch viel zu schnell wird es erstickt durch die alltäglichen Sorgen und Verlockungen des Reichtums, und die Ernte bleibt aus. Der gute Boden steht für die Herzen derer, die die Botschaft Gottes annehmen und eine große Ernte einfahren – dreißig, sechzig, ja hundert Mal so viel, wie gesät wurde. Matth. 13,19-23 (NLB).

Obwohl sicher niemand von uns so effektiv Geschichten erzählen kann, wie Jesus es beispielhaft tat, so wird uns doch klar, dass das Erzählen von Geschichten ein sehr nützliches, wenn nicht grundlegendes Hilfsmittel für jeden Kommunikator ist. Diejenigen von uns, die berufen sind zu Predigern und Lehrern in unserer heutigen Welt, tun gut daran, dem Meisterkommunikator nachzueifern in der Bemühung, unseren Zuhörern das Evangelium klar und interessant zu vermitteln. Abschließend möchte ich meiner Hoffnung Ausdruck geben, dass alle, die die von mir gesammelten Geschichten lesen, dadurch besser verstehen, was es beinhaltet, Christ zu werden und wie wir als Christen unseren Glauben leben sollten.

DER AUFBAU DER GESCHICHTE

Es war mir ein Bedürfnis, Ihnen diese Geschichten nicht in einer willkürlichen Zusammenstellung zu präsentieren, sondern sie anzuordnen in Anlehnung an den Inhalt eines bestimmten Kapitels der Bibel – des achten Kapitels des Römerbriefes. Dieses Kapitel liebe ich ganz besonders, und über die Jahre waren mir dessen Verse häufiger Grundlage für meine Predigten als irgendein anderer Abschnitt des Heiligen Schrift. In diesem Kapitel werden, so finde ich, fast alle Teile einer ganzheitlichen Theologie angesprochen.

Im achten Kapitel des Römerbriefes habe ich acht spezifische Themen vorgefunden. Diese Themen ergaben für mich den Rahmen und die Untertitel für dieses Buch. Ohne Zweifel können versierte Bibellehrer noch mehr Themen entdecken als die, die ich aufgelistet habe. Dennoch hoffe ich, dass die von mir genannten den anschließenden Geschichten eine gewisse Ordnung verleihen.

1. Freigesprochen von Verdammnis
2. Das neue Leben in Christus
3. Nähe zu Gott
4. Der Auftrag, die Schöpfung zu retten
5. Mit Hoffnung leben
6. Das Gebet im Geist
7. Gottes Plan für uns
8. Die Gewissheit, die wir brauchen

Da Sie nun wissen, wohin die Reise in diesem Buch führen wird, lassen Sie mich eine Geschichte erzählen, die Gutes für Ihre Seele sein soll. Besser noch lassen Sie mich eine ganze Reihe von Geschichten erzählen, die Ihnen helfen werden, wenn Sie anderen die großartigste Geschichte erzählen, die jemals erzählt wurde.

Tony Campolo

Teil 1

Freigesprochen von Verdammnis

Teil 1

FREIGESPROCHEN VON VERDAMMNIS

*Müssen wir denn nun noch damit rechnen, verurteilt zu werden?
Nein, für die, die mit Jesus Christus verbunden sind, gibt es keine Ver-
urteilung mehr. 2 Denn wenn du mit Jesus Christus verbunden bist,
bist du nicht mehr unter dem Gesetz der Sünde und des Todes; das
Gesetz des Geistes, der lebendig macht, hat dich davon befreit. 3 Das
Gesetz des Mose war dazu nicht imstande; es scheiterte am Wider-
stand der menschlichen Natur. Deshalb hat Gott als Antwort auf die
Sünde seinen eigenen Sohn gesandt. Dieser war der sündigen
Menschheit insofern gleich, als er ein Mensch von Fleisch und Blut
war, und indem Gott an ihm das Urteil über die Sünde vollzog, voll-
zog er es an der menschlichen Natur. 4 So kann sich nun in unserem
Leben die Gerechtigkeit verwirklichen, die das Gesetz fordert, und
zwar dadurch, dass wir uns vom Geist Gottes bestimmen lassen und
nicht mehr von unserer eigenen Natur.*

Römer 8,1-4 (NGÜ)

Diese Verse sprechen für sich. Sie zeigen klar und deutlich, dass Jesus nicht auf die Welt gekommen ist, um uns zu verdammen, sondern dass wir durch Ihn vor der Verurteilung bewahrt werden können. Am Kreuz hat er die Verurteilung auf sich genommen, die jeder von uns verdient hätte. Das ist der echte Jesus, auf den die Welt wartet.

1

Irgendjemand hat Jesus geklaut

Vor ein paar Jahren hörte ich eine Geschichte, die sich vermutlich in St. Louis, Missouri, zugetragen hat. Offenbar hatte jemand aus der Weihnachtskrippe, die vor dem Rathaus aufgestellt worden war, die Puppe geklaut, die das Jesusbaby darstellen sollte. Am nächsten Morgen verkündete ein Nachrichtensprecher im Fernsehen mit düsterer Stimme: „Irgendwer hat Jesus geklaut. In der letzten Nacht stahlen Unbekannte das Jesusbaby aus der Krippe vor dem Rathaus. Heute Morgen fehlt von Jesus jede Spur. Sachdienliche Hinweise über den Verbleib von Jesus richten Sie bitte umgehend an unseren Sender. Wir geben uns alle Mühe, Jesus wiederzufinden und ihn dorthin zurückzubringen, wo er hingehört."

Ob diese Geschichte nun wahr ist oder nicht, die Botschaft ist eindeutig. Wenn sie sich das heutige Christentum anschauen und sehen, was wir aus dem Jesus der Bibel gemacht haben, stellen sich viele Menschen die Frage: „Wer hat den biblischen Jesus geklaut? Weiß irgendwer, wie wir Ihn wiederentdecken und an den Platz zurückbringen können, an den er gehört?"

Zu oft schon wurde der wahre Jesus, der voller Mitgefühl ist, einfach geklaut. Immer wieder wurde Er mit einem selbst zurechtgezimmerten Jesus vertauscht, der für Sünder wie uns nur ein harsches Urteil übrig hat.

2

Vergeben und vergessen

Ein Bekannter von mir in Australien erzählte mir einst folgende Geschichte über einen Jungen, für den ein Stückchen von Gottes Gnade in seinem Lehrer sichtbar wurde. Billy hatte eine jüngere, behinderte Schwester, die sich nur mithilfe ihres Rollstuhles fortbewegen konnte. Als Annie in die Schule kam, übernahm Billy die Verantwortung für sie. Er schob sie im Rollstuhl zur Schule, brachte seine Schwester zum Unterricht und schob sie im Laufe des Schultages von Klassenraum zu Klassenraum. Es störte Billy nicht im Geringsten, sich um seine Schwester zu kümmern. Im Gegenteil, er betrachtete es als Privileg, für sie zu sorgen und es erfüllte ihn mit Stolz, die Verantwortung für ihr Wohlergehen zu tragen.

Als Billy in die vierte Klasse kam, starb seine Schwester, und Billy war plötzlich von der Verantwortung für das Wohl seiner Schwester befreit. Doch anstatt erleichtert zu sein, wurde Billy sehr traurig und zog sich in sich selbst zurück. Es war, als ob ihm der Hauptgrund für sein Leben genommen sei und als wisse er nichts mehr mit sich anzufangen. Kurz darauf war Billy in allen möglichen Ärger verwickelt. Unter den Lehrern hatte er bald einen schlechten Ruf und in den nächsten Jahren schien er alles dafür zu tun, um diesem Ruf gerecht zu werden.

Als Billy ins siebte Schuljahr kam, bekam seine Klasse einen neuen Lehrer namens Mr. Smith. Am ersten Schultag in seiner neuen Klasse rief Mr. Smith, der eine nicht unerhebliche Mühe darauf verwandt hatte, die Schülerakten der Jungen und Mädchen in seiner Klasse durchzulesen, Billy zu sich:

„Billy, du kommst hier nach vorne an den Tisch gleich vor mir."

Der unglückliche Junge wähnte sich in erneutem Ärger, obwohl ihm nichts einfiel, das er an diesem Tag hätte falsch gemacht haben können. Er fragte sich, warum der Lehrer gerade ihn herausgepickt hatte. Dann sprach Mr. Smith weiter. Er nahm den Ordner mit Billys Schülerakte und sagte: „Billy, in dieser Akte stehen jede Menge schlechter Sachen über dich."

Billy ließ beschämt seinen Kopf sinken, doch zu seiner großen Überraschung zerriss Mr. Smith die Schülerakte in kleine Fetzen und warf sie in den Papierkorb. „Billy“, sagte er, „ich habe mir deine Akte durchgelesen und ich glaube kein Wort von dem, was da steht.“

Einige Tage darauf stellte die Kindergottesdienstmitarbeiterin den anwesenden Kindern, unter denen sich auch Billy befand, eine einfache Frage: „Kennt ihr jemanden, der wie Jesus ist?“

Lächelnd antwortete Billy: „Ich kenne jemanden: Mr. Smith!“

Das ist kein schlechter Vergleich. Wie dieser Lehrer zerreißt Jesus die Akten mit unseren Sünden und Verfehlungen und stellt uns dem Vater, wie es das Buch Judas sagt, *fehlerlos* vor.

3

Gnade oder Karma

Eines Abends wurde Bono, der berühmte Sänger der Band U2, im Fernsehen von Larry King interviewt. Bono sprach über seine Hinwendung zu Jesus und darüber, wie er versuchte, Gottes Liebe in der Welt zu leben. Dieses Bekenntnis zu Jesus veranlasste den Fernsehmoderator, eine wichtige Frage zu stellen.

„Was unterscheidet das Christentum von allen anderen Religionen auf der Welt?", fragte er. „Was hat das Christentum zu bieten, das andere Religionen nicht zu bieten haben?"

Bono machte eine Pause und antwortete dann: „Alle anderen Religionen auf dieser Welt lehren auf die eine oder andere Weise die Lehre des *Karma*. Nur Jesus bietet *Gnade* an. In allen anderen Religionen auf der Welt müssen die Menschen irgendwann eine Strafe für ihre Sünden zahlen. Einzig Jesus Christus ermöglicht es den Menschen, durch seine Gnade von den Folgen der Schuld befreit zu werden, die sie in diesem Leben begangen haben."

Nach einer weiteren bedeutsamen Pause fügte Bono hinzu: „Traurigerweise hat die Kirche, im Gegensatz zu Jesus, immer wieder die Lehre des Karma gelehrt. Ja, oft genug lehrt die Kirche Karma, anstatt Gnade anzubieten."

4

Die Vergebung eines Vaters

Marjorie Kinnan Rawling erzählt in ihrem Roman „Frühling des Lebens" die Geschichte eines Jungen namens Jody. Er wird von seinem Vater gezwungen, sein über alles geliebtes Rehkitz Flag zu töten, da Flag beträchtliche Flurschäden auf der ärmlichen Farm der Familie anrichtet. Unter Qualen und mit Wut im Bauch gehorcht Jody. Er sagt seinem Vater, dass er ihn hasst, und dann läuft mit der Überzeugung von zu Hause fort, er sei unerwünscht in der Familie. Nach Tagen des Hungers, der Einsamkeit und der Erschöpfung bleibt Jody nichts anderes übrig als nach Hause zurückzukehren. Zu Jodys Erstaunen hat sein Verschwinden die Familie komplett lahmgelegt und seinen Vater zutiefst bekümmert. Jody ist überwältigt. Er merkt: Ich bin trotz allem erwünscht und geliebt!

Gordon Brownville, ein befreundeter Prediger, der mittlerweile zum Herrn gegangen ist, erzählte immer wieder gerne, wie er einmal als Junge in einem unbeobachteten Augenblick gemeinsam mit Anderen das Auto eines Nachbarn ohne dessen Erlaubnis entwendete. Der Nachbar bestand auf der Verhaftung des Jungen *). Gordons Vater, der auf Geschäftsreise war, als er von der Sache hörte, eilte nach Hause und löste seinen Sohn aus dem Gefängnis aus. Er zahlte dem Nachbarn mehr als den doppelten Wert des Autos und bot seinem von Schuld und Scham erfüllten Sohn seine Vergebung an. Wenn Gordon diese Geschichte erzählte, fügte er immer hinzu, das Wichtigste an der ganzen Sache sei aber für ihn gewesen, dass sein Vater diesen Vorfall anschließend nie wieder erwähnte.

*) *Anmerkung des Übersetzers: was in Amerika möglich ist*

5

Gnade ist wie Schokolade

Einmal diskutierte ich mit einer Gruppe Jugendlicher die Dinge, die am christlichen Evangelium einzigartig sind. Ich versuchte, ihnen zu erklären, was Gnade bedeutet und fragte sie, worin der Unterschied zwischen Gnade, Erbarmen und Gerechtigkeit bestehe.

Mit einem Lächeln auf den Lippen und einem Funkeln in den Augen antwortete ein Junge:

„Wenn ein Polizist dich wegen einer Geschwindigkeitsüberschreitung anhält und dir einen Knollen gibt, dann ist das Gerechtigkeit."

„Wenn ein Polizist dich wegen Geschwindigkeitsüberschreitung anhält und dir eine Verwarnung gibt, dann ist das Erbarmen."

„Wenn ein Polizist dich wegen einer Geschwindigkeitsüberschreitung anhält und dir eine Schokolade schenkt, dann ist das Gnade."

Gnade ist die unverhoffte gute Nachricht, dass Jesus, anstelle der angemessenen Strafe, uns unverdienten und unvergleichlichen Segen schenkt.

6

Jesus versteht uns

Es gibt eine Geschichte über eine Frau, die sich in ihrem tiefen Kummer an Franz von Assisi wandte. Sie erzählte ihm, dass ihr Sohn Selbstmord begangen habe und sie sich darum sorge, was Jesus wohl am Tag des Jüngsten Gerichts zu ihrem Sohn sagen werde.

Franz von Assisi antwortete der Frau: „Wahrscheinlich wird Jesus seinen Arm um Ihren Sohn legen und sagen: ‚Ich verstehe. Für mich war es auch hart, als ich da unten war. Sie machen Christen wie dir und mir das Leben ganz schön schwer.'"

7

Es war für dich gedacht

Ich kann mich nicht sehr gut an meinen Vater erinnern. Ich wünsche mir oft, ich würde mich an mehr erinnern. Er war ein stiller Mann und sprach nur sehr wenig, doch eine besondere Gelegenheit, bei der er sich etwas zu sagen traute, hinterließ einen nachhaltigen Eindruck bei mir, der bis heute vorhält.

Ich erinnere mich daran, wie ich mit meinem Vater in einem Abendmahlsgottesdienst saß. Der Pastor hatte eine Predigt über den Bibelvers gehalten, in dem Paulus schreibt: „Wer daher auf unwürdige Weise von dem Brot isst oder aus dem Becher des Herrn trinkt, macht sich am Leib und am Blut des Herrn schuldig" (1. Kor 11, 27 NGÜ).

Im Verlaufe der Predigt begann in der Reihe vor uns eine junge Frau, knapp zwanzig Jahren alt, zu weinen. Ihr Körper wurde von Schluchzern geschüttelt. Offensichtlich hatte die Predigt sie berührt. Sicherlich gab es in ihrem Leben Sünde, durch die sie sich unwürdig fühlte für den Leib und das Blut Christi. Als ihr der Teller mit dem Brot gereicht wurde, das den Leib unseres Herrn symbolisiert, lehnte sie es ab und schluchzte weiter. In diesem Augenblick der Geschichte legte mein Vater seine Hand auf ihre Schulter und sagte in seinem gebrochenen Englisch und mit seinem starken italienischen Akzent: „Nimm es, Mädchen! Es war für dich gedacht!"

Da riss sich die junge Frau zusammen, nahm das Brot und trank später aus dem Kelch. Ich fühlte, dass die Worte meines Vaters die Predigt überlagert und der jungen Frau deutlich gemacht hatten, dass Jesus voller Gnade ist und dass er sie trotz der Sünde in ihrem Leben annimmt und liebt, ungeachtet ihrer Unwürdigkeit. Ich lernte an diesem Sonntag etwas über die Gnade Gottes und in den vielen folgenden Jahren seit diesem Tag wurde mir immer bewusster, dass Jesus sich für uns hingibt, „während wir noch in der Sünde leben" und dass er es ist, der unsere Beziehung zu Gott aussöhnt. Das ist mit Gnade gemeint.

8

Die blinde Liebe eines Vaters

Auf einem Flug von Denver nach Colorado Springs erlebte ich einmal eine erzählenswerte Geschichte. Es war ein kurzer Flug von nicht einmal einer halben Stunde.

Während ich also darauf wartete, an Bord des Flugzeuges zu gehen, sprang und tanzte um mich herum ein glückliches kleines Mädchen, klatschte in die Hände und sang: „Ich sehe bald meinen Papa! Ich sehe bald meinen Papa!" Sie sang diese eine Zeile immer wieder, auf eine etwas penetrante Art und Weise. Anfangs lächelte ich dem strahlenden kleinen Mädchen in seinem flauschigen Kleidchen noch zu, mit seinen glänzenden Lederschuhen und seinen niedlichen Zöpfchen.

Mit der Zeit wurde es aber immer mühsamer, dem auf- und abhüpfenden Mädchen zuzulächeln, das jeden ungefragt mit der guten Nachricht beglückte, dass es bald seinen Vater sehen werde. Nach zehn Minuten war das, was anfangs niedlich gewesen war, nur noch anstrengend und nervig. Ich war froh, als es endlich Zeit wurde, an Bord zu gehen.

Kaum dass ich mich in meinem Flugzeugsitz niedergelassen hatte, stellte ich bestürzt fest, dass das lärmende kleine Mädchen gerade neben mir auf der anderen Seite des Ganges saß. Sie klatschte weiter in die Hände und verkündete allen und jedem mit ihrem grauenhaften Singsang, dass sie ihren Papi sehen werde.

Da es ja nur ein kurzer Flug war, gab es lediglich Plätzchen und Cola. Jedes Mal, wenn die Stewardess vorbeikam, nahm das glückliche kleine Mädchen ein Plätzchen und eine weitere Cola. Ich fand es erstaunlich, wie viele Plätzchen und Colas auf einem so kurzen Flug in ein so kleines Mädchen hineinpassten.

Als sich das Flugzeug dem Flughafen in Colorado Springs näherte, gerieten wir in ein Gewitter, sodass das Flugzeug mächtig schaukelte und wackelte.

Jeder weiß, dass Plätzchen nicht schlecht riechen, ebenso wie Cola an sich nicht schlecht riecht. Demzufolge könnte man meinen, dass eine Mischung aus Plätzchen und Cola in einem niedlichen, kleinen Mädchen mit einem flauschigen Kleidchen, glänzenden Lederschuhen und niedlichen Zöpfchen, wenn sie wieder aus demselben herauskommen, auch nicht schlecht riechen sollte.

Das traf in diesem Fall leider nicht zu. Die Ströme von Erbrochenem, die aus jenem Mädchen kamen, stanken einfach unglaublich und verteilten sich überall auf dem kleinen Mädchen und auf seiner Mutter. Es brach in Wellen aus ihr heraus, und jedes Mal, wenn ich dachte, dass das Erbrechen nun ein Ende habe, kam ein neuer Schwall und wieder ein neuer.

Als das Flugzeug endlich gelandet war, konnte ich mich gar nicht schnell genug über den Gang flüchten, nur fort von dem ganzen stinkenden Durcheinander. Ich ging durch die Fluggastbrücke in den Flughafen und sah am Ende des Ganges einen Mann stehen, in einen weißen Flanellanzug gekleidet, der offensichtlich nach jemandem Ausschau hielt. Ich wusste sofort, wer er war und blieb etwas zurück, weil ich das Zusammentreffen zwischen diesem elegant gekleideten Vater und dem kleinen „Brechgesicht" sehen wollte.

Was dann geschah, überraschte mich ernsthaft. Das kleine Mädchen kam auf seinen Vater zugerannt und er kniete sich nieder und schloss sie in seine Arme. Sie war über und über voll mit Erbrochenem und roch ziemlich schlecht, aber das störte ihn nicht. Er hatte sein kleines Mädchen wieder und das war das Einzige, was für ihn zählte.

9

Jeder kann ein Christ sein

Wenn es um Jugendliche geht, ist mein Sohn Bart so eine Art Rattenfänger von Hameln. Er bringt Jugendliche dazu, ihm mit großer Begeisterung nachzufolgen. Seine Arbeit mit Kindern aus der Innenstadt trägt große Früchte.

Vor einiger Zeit plante er eine Wochenendfreizeit für einige Hundert Stadtkinder aus einer sozial schwachen Gegend. Bart bekam in letzter Minute noch einige Schwierigkeiten, die seine Abfahrt in die Berge, wo die Freizeit stattfinden sollte, immer weiter verzögerten.

Die meisten Jungen waren schon auf dem Freizeitgelände in den Pocono Moutains, doch leider waren bisher nur zwei Betreuer mit ihnen vor Ort.

Bart tat sein Möglichstes, um endlich ebenfalls dort hinzugelangen, aber es wurde immer später. In einem Bus, vollgestopft mit Jugendlichen und mit Gepäck, sauste er schließlich in Richtung der Berge, als ihn ein Anruf erreichte: Er werde dringend vor Ort benötigt, um Ordnung in das Camp zu bringen. Zwei Betreuer alleine mit zweihundert aufgeregten Jugendlichen verloren langsam die Kontrolle über die ganze Sache. Bart tat weiter sein Möglichstes, um schnell zum Freizeitgelände zu gelangen, doch plötzlich platzte einer der Hinterreifen.

Bart fuhr den Bus an den Straßenrand und er und die Jungs mussten zunächst das ganze Gepäck wieder ausladen, um an das Reserverad kommen zu können. Als Bart schlussendlich so weit war, den Wagen aufzubocken, um den Reifen zu wechseln, da rutschte der Bus plötzlich vom Wagenheber und knallte auf den Asphalt. An diesem Punkt der Geschichte stieß Bart ein „religiöses Wort ohne theologischen Inhalt" aus. Es dauerte noch Stunden, bis die Gruppe das Camp erreichte.

Als die Freizeit zu Ende war, steuerte Bart mit seiner Ladung Jugendlicher wieder nach Hause. Da sagte der junge Mann, der neben ihm saß: „Das war ein tolles Wochenende. Ich habe mich an diesem Wochenende entschieden, Christ zu werden und das ist echt wichtig."

Bart, sehr erfreut über dieses Bekenntnis, fragte den jungen Mann: „Was hat dich verändert? Was hat dich dazu gebracht, Christ zu werden? Waren es die Predigten oder das Bibelstudium oder hat jemand mit dir persönlich über Jesus gesprochen?"

„Nee, gar nix davon", sagte der junge Mann. „Das war, als der Bus vom Wagenheber gerutscht ist und auf den Boden geknallt ist und du das Wort gesagt hast, das man eigentlich nicht sagen sollte. Da dachte ich mir, wenn der ein Christ sein kann, dann kann ja jeder ein Christ sein!"

Manchmal präsentieren Christen sich als so unsäglich fromm, als so weit über den menschlichen Belanglosigkeiten schwebend, dass andere glauben, Christsein sei zu hoch für sie. Bart hat einiges dazu beigetragen, um einen solchen Eindruck bei diesem jungen Mann gründlich zu widerlegen.

Teil 2

Das neue Leben in Christus

Teil 2

DAS NEUE LEBEN IN CHRISTUS

Wer sich von seiner eigenen Natur bestimmen lässt, dessen Leben ist auf das ausgerichtet, was die eigene Natur will; wer sich vom Geist Gottes bestimmen lässt, ist auf das ausgerichtet, was der Geist will. 6 Was der Geist will, bringt Leben und Frieden, aber was die menschliche Natur will, bringt den Tod. 7 Denn der menschliche Eigenwille steht dem Willen Gottes feindlich gegenüber; er unterstellt sich dem Gesetz Gottes nicht und ist dazu auch gar nicht fähig. 8 Darum kann Gott an dem, der sich von seiner eigenen Natur beherrschen lässt, keine Freude haben. 9 Ihr jedoch steht nicht mehr unter der Herrschaft eurer eigenen Natur, sondern unter der Herrschaft des Geistes, da ja, wie ich voraussetze, Gottes Geist in euch wohnt. Denn wenn jemand diesen Geist, den Geist Christi, nicht hat, gehört er nicht zu Christus. 10 Wenn aber nun Christus in euch ist, dann habt ihr aufgrund der Gerechtigkeit, die Gott euch geschenkt hat, den Geist empfangen und mit ihm das Leben, auch wenn euer Körper als Folge der Sünde dem Tod verfallen ist. 11 Nun ist ja der Geist, der in euch wohnt, der Geist dessen, der Jesus von den Toten auferweckt hat. Und weil Gott Christus von den Toten auferweckt hat, wird er auch euren sterblichen Körper durch seinen Geist lebendig machen, durch den Geist, der in euch wohnt. 12 All das, liebe Geschwister, verpflichtet uns – aber nicht unserer eigenen Natur gegenüber, so als müssten wir unser Leben von ihr bestimmen lassen. 13 Wenn ihr euer Leben von eurer eigenen Natur bestimmen lasst, müsst ihr sterben. Doch wenn ihr in der Kraft von Gottes Geist die alten Verhaltensweisen tötet, werdet ihr leben. 14 Alle, die sich von Gottes Geist leiten lassen, sind seine Söhne und Töchter.

Römer 8,5-14 (NGÜ)

Als solche, die die Gnade Gottes empfangen haben, sollten wir uns klar machen, dass Gott im Gegenzug von uns erwartet, anders zu leben. Der Egoismus, der unser Leben prägte, muss durch die verändernde Kraft des Heiligen Geistes überwunden werden. Unsere Art zu leben sollte das Wesen Jesu verdeutlichen. Seine Menschlichkeit, Liebe, Freude, Mitleid, Selbstlosigkeit und Engagement sollten in unserer Lebensweise klar zu erkennen sein. Wir schulden ihm das, nach dem, was er auf Golgatha für uns getan hat.

1

Hingebungsvolle Liebe

Ich saß vor einigen Jahren in einem Zug, der gerade die Victoria Station in London verließ. Mir gegenüber im Abteil saßen zwei Männer Ende dreißig. Wir hatten seit etwa zehn Minuten den Bahnhof verlassen, als einer der beiden Männer einen epileptischen Anfall bekam. Er rutschte von seinem Sitz und lag zitternd auf dem Boden. Sein Begleiter nahm schnell eine Zeitung, rollte sie zusammen und schob sie seinem Freund zwischen die Zähne, damit er sich nicht auf die Zunge biss. Als der Anfall vorüber war, richtete der Mann seinen Freund auf und half ihm zurück in den Sitz, zog seinen eigenen Mantel aus und legte ihn wärmend um den Freund. Dann drehte er sich um und sprach mich an.

„Ich hoffe, Sie haben sich nicht zu sehr erschreckt. Wir wissen nie, wann ein solcher Anfall kommt, aber er hatte seit zweieinhalb Monaten keinen mehr. Wir waren zusammen in Vietnam. Er ist Brite und ich bin Amerikaner. Wir waren beide schwer verwundet. Ich habe mein Bein verloren." Er krempelte seine Hose hoch und zeigte mir seine Prothese. Dann fuhr er fort: „Meinem Freund hier wurde durch eine Handgranate der halbe Brustkorb weggerissen. Er hatte einen Granatsplitter in der Brust stecken und konnte sich nur unter extremen Schmerzen bewegen. Der Hubschrauber, der kommen und uns ins Krankenhaus bringen sollte, wurde von einer feindlichen Rakete getroffen und das schien das Ende all unserer Hoffnungen zu sein. Doch mein Freund schaffte es irgendwie, auf die Beine zu kommen. Ich weiß nicht, wie er das gemacht hat. Er griff nach unten, packte mein Hemd und zog mich durch den Dschungel. Jeder Schritt schmerzte ihn unerträglich. Er schrie vor Schmerzen bei jeder seiner Bewegungen. Ich brüllte ihn an, dass er sich in Sicherheit bringen solle und dass es unmöglich sei, uns beide aus dem Dschungel zu bringen – aber irgendwie hat er es geschafft!"

„Vor eineinhalb Jahren hörte ich dann von seinem Zustand. Ich verkaufte meine Eigentumswohnung in New York City und mein Auto. Dann kam ich hier rüber zu ihm, denn es muss ständig jemand bei ihm sein. Wie ich gesagt habe, wir wissen nie, wann diese Anfälle kommen. Tja, das ist unsere Geschichte. Vielleicht hilft sie

Ihnen, den Schrecken besser einordnen zu können, den Sie gerade miterlebt haben."

Ich schaute diesen heldenhaften und opferbereiten Mann an und sagte: „Sie müssen sich nicht bei mir entschuldigen. Ich bin ein professioneller Redner. Ich brauche Geschichten für meine Reden und Sie haben mir gerade eine der besten Geschichten geliefert, die ich je gehört habe."

Der Mann antwortete: „Bitte, seien Sie nicht zu sehr beeindruckt. Da ist nichts, was Sie beeindrucken sollte. Nach dem, was er für mich getan hat, gibt es nichts, was ich nicht für ihn tun würde."

Jeder Christ sollte sich Jesus am Kreuz ansehen und sagen: „Nach dem, was er für mich getan hat, gibt es nichts, was ich nicht für ihn tun würde."

2

Glauben allein reicht nicht

Vor vielen Jahren sprach der Evangelist J. Edwin Orr an einer Universität. Nach seiner Vorlesung bestand die Möglichkeit, Fragen zu stellen. Eine junge Frau stand auf und fragte: „Reicht es nicht, einfach an Jesus zu glauben? Geht es im Christentum nicht einfach darum, zu glauben?"

Dr. Orr antwortete mit einer Gegenfrage: „Glauben Sie an die Ehe?"

„Ja", antwortete sie prompt.

„Warum glauben Sie an die Ehe?", fragte Dr. Orr.

„Weil die Ehe eine stabile Beziehung ermöglicht und den Partnern Sicherheit gibt und man innerhalb dieser sicheren Beziehung gut Kinder aufziehen kann. Die Ehe hilft, die Gesellschaft zu stabilisieren", antwortete sie.

„Gut", sagte Dr. Orr. „Ich bin ein Prediger, so erlauben Sie mir, Sie für verheiratet zu erklären!"

Die junge Frau lachte und sagte: „Aber ich habe noch keinen Mann gefunden, der zu mir gehören will und zu dem ich gehören wollte. Ich habe keinen Partner, mit dem ich ein Leben verbringen könnte."

„Ganz genau", sagte Dr. Orr. „Es reicht eben nicht, an die Ehe zu *glauben*. Sie müssen ein Versprechen abgeben und Sie müssen dieses Versprechen auch leben, Sie müssen für Ihren Partner sorgen und all die anderen Dinge tun, die die Liebe fordert."

Der Kern einer Entscheidung für Christus ist das Versprechen, ab jetzt ein Leben für Jesus zu leben. Die durchaus wichtigen Wahrheiten des Evangeliums einfach nur zu glauben, das reicht einfach nicht aus.

3

Spontane Gnade

Der Leiter einer recht bekannten Stadtmission fuhr einen seiner jungen Mitarbeiter zu einem Treffen, als der junge Mann plötzlich rief: „Stopp!" Der Wagen hielt, der junge Mann sprang hinaus und rannte zurück zu einem obdachlosen Mann, der ein Schild hielt mit der Aufschrift: *Ich brauche Geld für Essen.* Der junge Missionar gab dem Bettler einen Fünfdollarschein, das war alles, was er bei sich trug. Als er wieder ins Auto stieg, fragte ihn der Missionsleiter: „Warum hast du das gemacht? Der Typ gibt das Geld wahrscheinlich für Drogen oder Alkohol aus. Das weißt du genauso gut wie ich."

„Da hast du vermutlich recht", antwortete der junge Mann, „aber ich habe ihm das Geld vorsichtshalber gegeben."

Liebendes Vertrauen und Gnade, die immer das Beste hofft, sollten einen Christen kennzeichnen.

4

Antworten auf den Terrorismus

Mein Freund Will Willimon war zur Zeit der Ereignisse des 11. September 2001 Dekan an der Duke University. Auf dem Campus der Universität kam es zu größeren Spannungen zwischen Christen, Juden und Moslems. Will kam auf die Idee einer Podiumsdiskussion, in der ein Rabbi, ein Imam und er als protestantischer Geistlicher darüber diskutieren sollten, welchen Umgang die jeweilige Religion mit diesem tragischen terroristischen Anschlag vorschlagen würde.

Der muslimische Imam erklärte, dass nach der Lehre des Propheten Mohammed tätliche Übergriffe auf einen muslimischen Bruder gerächt werden sollten. Der Rabbi stellte dar, dass, wenn ein Jude einen Moslem angreife, es in der Verantwortung des Moslems läge, eine Strafe - auch die Todesstrafe - für den Juden zu suchen, der dies getan hatte.

Zu all dem zuckte Will Willimon nur mit den Schultern und sagte: „Ihr beiden macht es sehr attraktiv, einer eurer beiden Religionen beizutreten, denn auf diese Art würde ich auch gerne solch Bösem begegnen, aber Jesus lehrt mich, etwas zu tun, das viel schwieriger ist. Er sagt, ich solle diejenigen lieben, die solche bösen Dinge tun und denjenigen vergeben, die solche grauenhaften Taten verüben."

Wie Jesus zu leben ist oft hart und kann manchmal richtig unvernünftig erscheinen.

5

Das können nur die anderen beantworten

In der Zeit, als ich an der Universität von Pennsylvania lehrte, hatte ich die Möglichkeit, einige meiner Studenten zu einer persönlichen Beziehung zu Jesus zu führen. Ein junger Mann, der bei mir als Assistent arbeitete, war in einem ganz und gar unreligiösen Elternhaus aufgewachsen. Er hatte die wunderbare Erfahrung der Wiedergeburt gemacht und war durch Jesus sehr verändert worden. Eines Tages, als wir beide über den Universitätscampus liefen, kam ein junger Mann einer christlichen Studentengruppe auf uns zu, sah mich und sagte: „Dr. Campolo, wir freuen uns schon sehr darauf, dass Sie heute Abend bei unserem Treffen sprechen werden. Das Treffen beginnt um sieben. Bitte seien Sie pünktlich."

Mein Assistent fragte sofort: „Kann ich auch mitkommen?"

Der junge christliche Leiter, der uns begegnet war, fragte ihn: „Bist du auch Christ?"

Darauf antwortete mein Assistent: „Das kannst nur *du* beantworten!"

Was für eine faszinierende Antwort! Diese Antwort hatte ich noch nie zuvor gehört. Ich hatte immer angenommen, nur der Einzelne könne die Wahrheit darüber wissen, ob er nun Christ war oder nicht, aber in Wirklichkeit hatte mein Assistent vollkommen recht. Wenn ich wirklich Christ bin, sollten die Menschen um mich herum das an meinem Leben ablesen können.

6

Nicht alles auf Satan schieben

Der neunjährige Billy hatte ständig Ärger in der Schule. Jeden Tag beschwerte sich die kleine Janey, die direkt vor Billy saß, beim Lehrer darüber, dass Billy sie ärgerte.

„Er tritt mich und zieht mich an den Haaren und er sagt immer schlimme Sachen, die mich ärgern."

In seiner Frustration sagte der Lehrer, ein Mensch, der noch von einer altertümlichen, religiösen Sprache geprägt war, eines Tages zu Billy: „Billy, hat Satan dir befohlen, Janey zu treten und sie an ihren Haaren zu ziehen? Hast du dich vom Satan überwältigen lassen, solche hässlichen Dinge zu ihr zu sagen?"

Schnell antwortete Billy: „Also, mag sein, dass Satan mich dazu gebracht hat, sie zu treten und sie an den Haaren zu ziehen, aber die hässlichen Dinge zu sagen, das war meine eigene Idee."

Ein Christ übernimmt Verantwortung für sein Handeln, er bereut sein falsches Handeln, wenn er damit konfrontiert wird, und verspricht dann, sich zu ändern – mit Gottes Hilfe.

7

Von der Wichtigkeit der Leidenschaft

Mag sein, dass es sich nur um eine Legende handelt, denn ich konnte folgende Geschichte nirgends aufgeschrieben finden und der Universitätsprofessor, der sie mir erzählt hat, war sich nicht sicher, ob sie wahr ist, aber wie dem auch sei, es ist auf jeden Fall eine gute Geschichte.

Der junge Friedrich Nietzsche, später ein brillanter atheistischer Philosoph, verließ eines Sonntags mit seiner Schwester die lutherische Kirche, in der ihr Vater Pastor war. Im Gehen drehte sich der Junge um, zeigte zu seinem Vater, der auf der Kanzel stand und sagte bitter: „Kann dieses *Ding* da oben auch irgendwann lachen oder weinen?"

In seinem späteren Leben lehnte Nietzsche das Christentum ab, nicht weil er diesem seine intellektuelle Glaubwürdigkeit absprach, sondern weil es ihm als so leidenschaftslos erschien.

Der geisterfüllte Christ lebt leidenschaftlich und steht mit fröhlich strahlender Intensität mitten in dem, was man gemeinhin ein „gewöhnliches Leben" nennt.

8

Leben in einer freudlosen Welt

Ich befand mich im Aufzug des Hyatt Hotel in Chicago. Mit mir im Aufzug war ein Jugendlicher, der wohl etwa 15 oder 16 Jahre alt war. Er trug seine Hose ziemlich weit unten, in dieser Gettomode, die unter Jungs angesagt ist, die hart aussehen wollen. Dieser Junge trug seine Hose so tief, dass man nicht nur die Unterhose oben rausgucken sehen konnte, man konnte sogar seinen „Schlitz" sehen. Ich hatte große Lust, einen Stift herauszuholen und – na, Sie wissen schon...

„Wie geht's?", fragte ich. Ich wollte freundlich sein.

In mürrischem Ton antwortete er: „Okay."

„Läuft dein Tag gut?", fragte ich ihn.

„Joo", nuschelte er. Da war keine Freude in diesem jungen Mann.

Als wir im Erdgeschoss ankamen, öffneten sich die Türen des Aufzugs nicht. Ich wurde panisch, schlug gegen die Türen und rief: „Die Türen öffnen sich nicht! Kann jemand die Tür öffnen? Ich muss hier raus!"

Dann hörte ich eine Stimme hinter mir sagen: „Sir, die Tür ist offen."

Als ich mich umdrehte, sah ich, dass es sich hier um einen jener Aufzüge handelte, die an beiden Seiten Türen haben und dass ich gegen die falschen Türen geschlagen hatte.

Was mich erstaunte, war, dass mein Mitfahrer nicht lachte. Als er den Aufzug verlassen wollte, hielt ich ihn am Arm fest, zog ihn zurück und sagte: „Hey Junge, lach mal, das ist lustig!" Aber er wollte so schnell wie möglich fort.

Wenn Sie mich jetzt fragen, was das mit dem Christentum zu tun haben soll, dann lassen Sie mich Ihnen eine Frage stellen: „Haben Sie laut gelacht oder wenigstens innerlich geschmunzelt, als Sie meine peinliche Aufzugsgeschichte gelesen haben?" Wir leben in einer recht freudlosen Welt. Dagegen darf es unter denen, die mit dem Heiligen Geist erfüllt sind und die Freude des Herrn kennen, eine oft freudevolle Ausgelassenheit geben.

9

Eine Kirche voller Heuchler

In regelmäßigen Abständen höre ich im Gespräch mit Universitätsstudenten immer wieder eine recht arrogante Behauptung, in der etwa ein Student sich so äußert: „Ich habe keine Zeit für die Kirche; die Kirche ist voll von Heuchlern!"

Darauf antworte ich jedes Mal: „Sie haben recht! Genau deshalb werden Sie sich bei uns ganz zu Hause fühlen, wenn Sie einmal zu uns kommen. Die Kirche ist voll mit Heuchlern, und wenn Sie kommen, werden Sie sich ganz wie einer von uns fühlen. Es besteht kein Zweifel darin, dass wir Kirchenleute Heuchler sind. Auf die eine oder andere Weise ist jeder auf dieser Welt ein Heuchler. Es ist nur so, dass die Kirchenleute in den meisten Fällen Heuchler sind, die wissen, dass sie Heuchler sind und die in die Gemeinde gekommen sind, um herauszufinden, wie Gott ihnen dabei helfen kann, ihre Heuchelei zu überwinden."

Christen lieben ihre Gemeinden und wollen mit Menschen zusammen sein, trotz ihrer Unzulänglichkeiten. Gemeindetreue ist immer ein Teil des christlichen Lebens.

10

Aus dem Vollen schöpfen

Als Alexander der Große volljährig war, wurde ihm, so sagt man, von einem der Weisen Athens prophezeit, dass er die Wahl habe zwischen einem kurzen, aber intensiven und interessanten Leben, oder einem langen, aber langweiligen Leben. Die Legende besagt, dass Alexander sofort das Erstere dem Letzteren vorzog. Aus meiner Sicht war dies eine weise Entscheidung.

Der geisterfüllte Christ ist ganz lebendig und niemals gelangweilt. Wenn es von Gottes Geist gelenkt ist, ist das Leben eine fantastische Reise.

11

Gottes Hofnarr

Franz von Assisi nannte sich oft einen Hofnarren Gottes. Überall wo er hinging, brachte er freudevolle Lebendigkeit zu den Menschen, mit denen er zusammentraf. Er verdeutlichte, dass wahre Spiritualität mit Fröhlichkeit einhergeht. So nahm er sich oft einen Stock und spielte darauf Flöte, tanzte und sang fröhliche Kinderlieder.

Die Fröhlichkeit von Heiligen überrascht uns oft. Das sollte es nicht. Denn Freude ist die zweite der „Früchte des Geistes", wie Galater 5 es überliefert.

12

Augen, um zu sehen

J. Wesley Ingles war Professor für englische Literatur an der Eastern University, einer Hochschule, die einen wunderschönen Campus besitzt, vielleicht den schönsten von ganz Amerika.

Eines Tages nach einer Andacht lief Dr. Ingles über den Campus, um seine Klasse zu unterrichten. Es war an einem Herbsttag und die Blätter hatten einen prächtigen Farbenreigen angenommen. Die Sonne schien und die Wasseroberfläche der drei Teiche glitzerte und funkelte im Licht. Vögel sangen und eine leichte Brise machte den Herbsttag einfach nur angenehm.

Vor seiner Klasse beschrieb Dr. Ingles in verzücktem Ton die Schönheit, die er auf seinem Weg über den Campus in sich aufgenommen hatte. Auf seine poetische Art berichtete er davon, wie all die Dinge, die er gefühlt und gesehen hatte, sein Herz, seinen Geist und seine Seele berührt hatten. Als er geendet hatte, meldete sich ein Student zu Wort, der, so sagte er, den Weg in die Klasse nur zwei Schritte hinter dem Professor zurückgelegt hatte. Er meinte: „Ich glaube, Sie haben sich hinreißen lassen, Dr. Ingles. Es war mit Sicherheit ein schöner Tag, aber ich ging direkt hinter Ihnen und ich habe all diese wundervollen Dinge, die Sie so wortreich beschreiben, nicht gesehen."

Dr. Ingles antwortete schlicht: „Aber wünschen Sie sich nicht, Sie könnten es?"

Römer 8,10 sagt uns, dass der Geist Gottes, der in uns wohnt, uns mit Leben erfüllt. Dies bedeutet, dass der Geist Gottes uns für all die bezaubernden Wunder öffnet, die uns umgeben und die sonst unbemerkt blieben.

13
Gnade statt Gesetz

Ich war gerade erst 21 Jahre alt, als ich Pastor der Chesterfield Baptist Church (in Chesterfield, New Jersey) wurde. Jung und begeistert von dieser Möglichkeit stellte ich dem Komitee, das mich vor meiner Einstellung befragte, meinerseits nicht genügend Fragen und ich brachte nicht alles über die Gemeinde in Erfahrung, was ich hätte wissen sollen. Als ich die Pastorenstelle annahm, war ich noch Student am theologischen Seminar. In der Gemeinde diente ich an jedem Wochenende und an mindestens einem Tag der Woche, mit aller Zeit und Energie, die ich aufbringen konnte. Der Weg zwischen Gemeinde und Seminar dauerte hin und zurück jeweils anderthalb Stunden, sodass ich nicht ständig vor Ort sein konnte.

Eines Tages trug uns der Professor des Seelsorgeseminars auf, für die kommenden Unterrichtseinheiten eine Kopie der Satzung unserer jeweiligen Gemeinde mitzubringen. Wir waren Baptisten, jede Baptistengemeinde entwickelt ihre eigenen Satzungen und Verordnungen. Baptisten halten an der Unabhängigkeit der lokalen Gemeinden fest. Unser Professor wollte uns zeigen, dass die Satzungen deshalb sehr unterschiedlich ausfallen sein können.

Am folgenden Wochenende fragte ich also George Longstreet, einen älteren Landwirt, der auch Leiter der Diakone war, woher ich eine Kopie der Gemeindeverfassung für meinen Seminarunterricht herbekommen könnte.

„Ach, weißt du", antwortete George, „irgendwo hier wird schon eine Kopie der Gemeindeverfassung sein. Ich denke, ich werde eine für dich finden können. Lass mir ein paar Tage Zeit und am Mittwochabend, wenn du zum Gebetstreffen kommst, dann werde ich eine für dich haben."

Überrascht von seiner Antwort fragte ich ihn: „Du meinst, du hast keine Gemeindeverfassung zur Hand? Wie besteht denn diese Gemeinde, wenn ihr keine Gemeindesatzung und keine Verordnungen habt?"

„Verordnungen, Satzungen – Tony, das ist für Menschen, die einander nicht vertrauen. In dieser kleinen Gemeinde vertrauen wir einander."

Ich dachte einen Augenblick nach und dann sagte ich: „George, du brauchst keine Kopie der Gemeindesatzung für mich mehr zu besorgen. Ich möchte ohne das Papier zurückfahren und der Klasse erzählen, was du mir gerade eben gesagt hast. Ich wünschte, viel mehr Gemeinden würden eher aus der Gnade leben statt nach dem Gesetz."

Die Gemeinschaft der Gläubigen ist geprägt von Menschen, die einander vertrauen. Vertrauen ist ein Lebensweg von Menschen, die ein geisterfülltes Dasein begonnen haben.

14

Gnade für unsere Feinde

Alljährlich gibt es in Nordirland ein Ereignis, das in meinen Augen als äußert gehässig erscheint. Protestanten, die sich als *Orangemen* bezeichnen, marschieren am 12. Juli und in den Tagen davor durch die Straßen ihrer Städte und Dörfer, auch durch die überwiegend katholischen Wohnviertel. Angeführt von einer Kapelle feiern sie den Sieg der evangelischen Briten über die katholische Bevölkerung Irlands unter Wilhelm von Oranien am 12. Juli 1690. Dieser Marsch schürt jedes Mal unglaublichen Ärger unter den Katholiken. So auch im Städtchen Portadown, in dem einer der größeren Aufmärsche abgehalten wird.

Am Vorabend eines solchen Marsches sollte ich auf einer Friedenskundgebung in Portadown sprechen.

Vor mir sprach ein katholischer Bischof, der eine überaus bemerkenswerte Geschichte erzählte. Seine Mutter war nach den Wirren des Zweiten Weltkrieges von Russland nach Irland gekommen. Der Bischof erklärte, dass durch den Tod von 27 Millionen Russen beinahe jede Familie in der Umgebung Moskaus direkt betroffen war.

Als der Krieg vorüber war, wurden einige deutsche Kriegsgefangene aus den Gefangenenlagern entlassen und marschierten nun die Hauptstraße Moskaus entlang in Richtung des Bahnhofes, von wo sie zurück nach Deutschland gebracht werden sollten. Der Bischof erzählte, wie die Bevölkerung Moskaus diesen Kriegsgefangenen an den Kragen wollte, die Tod und Zerstörung über ihr Leben gebracht hatten. Sie wollten diese Nazis in Stücke reißen. Die russischen Soldaten konnten die aufgebrachte Menge entlang der Straße zum Bahnhof nur mit Mühe zurückhalten.

Die erste Gruppe Nazis, die die Straße heruntergelaufen kam, waren die Offiziere – die Köpfe hoch erhoben, die Uniformen sorgfältig geknöpft, marschierten sie mit der Arroganz der Nazis an den Menschen vorbei. Sie demonstrierten der aufgebrachten Menge, dass die Internierung sie nicht hatte einschüchtern können und dass sie nach wie vor Männer von Stolz und Würde waren. Die Leute schrien den Nazioffizieren Obszönitäten hinterher und versuchten, durch die Absperrungen zu gelangen und die Gefangenen anzugreifen.

Dann, so sagte der Bischof, wurde es in der Menge plötzlich still, als hinter den Offizieren die gewöhnlichen Soldaten kamen. Sie waren nicht so gut behandelt worden wie ihre Vorgesetzten und standen am Rande des Hungertodes. Ihre Körper waren nur noch Haut und Knochen. Was einst ihre Uniform gewesen war, hing nur noch als Lumpen an ihnen herunter. Sie hatten alle Mühe, den Weg zur Bahnstation zurückzulegen und die Stärkeren stützten dabei die Schwächeren. Sie boten einen über alle Maßen erbärmlichen Anblick. Die Menge wurde still und dann bahnte sich irgendwie eine Frau einen Weg durch die russischen Soldaten, ging zu einem der Gefangenen und reichte ihm ein Stück Brot. Andere Frauen liefen nach Hause und holten von dem wenigen Essen, das sie hatten und gaben, was sie konnten, den verhungernden feindlichen Soldaten.

„Plötzlich hatten sich an jenem Nachmittag diese deutschen Soldaten in den Augen der russischen Zuschauer verändert. Sie wurden nicht länger als arrogante böse Männer angesehen", erklärte der Bischof. „Stattdessen, so erzählte mir meine Mutter, war jeder von ihnen in den Augen der meisten Zuschauer jemandes kleiner Junge geworden, hungrig, vielleicht sterbend und sehr weit von zu Hause entfernt."

„Und morgen", sagte der Bischof zu den Katholiken, die sich dort auf der Friedenskundgebung versammelt hatten, „wenn die Orangemen durch euer Viertel marschieren, euch verhöhnen und gemeine Dinge zu euch sagen, dann gebt euch alle Mühe, sie anzusehen und euch zu sagen: ‚Jeder von ihnen ist jemandes kleiner Junge, hungrig und sterbend und sehr weit von zu Hause entfernt.'"

Wer wollte das abstreiten? Christsein bedeutet, anderen mit einem jesusmäßigen Verständnis und Mitgefühl zu begegnen.

15

Freundlichkeit weiterschenken

Frisch von Italien nach Amerika gekommen, verbrachte mein Vater als Junge jeden Sommerabend mit der Nachlese von Bohnen. Das war auf einer Farm in der Nähe von Philadelphia, die Farmer ließen ihn und andere die Bohnen nachlesen, die die Pflücker zuvor nicht aufgelesen hatten. Die Bohnen konnten er dann am Straßenrand verkaufen. Auf diese Weise verdiente mein Vater im Laufe einer Woche ein paar zusätzliche Dollars. Das war eine harte Arbeit, doch mein Vater war darauf angewiesen, diese paar Dollar zu verdienen, um sich einen bescheidenen Platz zum Leben und etwas zum Essen leisten zu können. Eines Abends, als er wieder Bohnen sammelte, schaute er von seiner Arbeit auf und sah am Ende einer langen Reihe einen riesenhaften schwarzen Mann, der sich schnell vorwärts bewegte und auf beiden Seiten der Reihe die Bohnen einsammelte. Er sammelte die Bohnen so schnell und gründlich, dass meinem Vater schnell klar wurde, dass der Mann in Null-Komma-Nichts alle Bohnen aufgelesen haben würde, die es finden gab.

Erschöpft und entmutigt setzte sich mein Vater auf die Erde, seinen leeren Eimer zwischen den Beinen und sah zu, wie der riesenhafte Mann sich auf ihn zu bewegte. Zu seiner Überraschung hielt der schwarze Mann wenige Meter vor meinem Vater inne, lächelte, nahm seinen Eimer mit Bohnen und schüttete sie in den Eimer meines Vaters. Immer noch lächelnd sagte er: „Eines Tages, wenn du jemanden siehst, der müde ist und Hilfe braucht, dann denke an das, was ich für dich getan habe und tue es für ihn."

Mein Vater ließ sich nie von dem Rassismus anstecken, der in den 1930er und 40er Jahren in Amerika grassierte, denn jedes Mal, wenn er einem farbigen Menschen begegnete, dachte er an den riesenhaften Mann, der in einer Stunde der Not so großzügig zu ihm gewesen war. In meiner Kindheit ermahnte er mich immer wieder, nicht in Rassenkategorien zu denken, denn Gutes und Böses gab es in allen Rassen und er hatte Gutes und Schlechtes in allen Rassen gesehen. Liebenswürdige Freundlichkeit ist ein Charakterzug, den alle Christen an den Tag legen sollten. Wenn Freundlichkeit ausgelebt wird, kann sie die Schranken einreißen, die Menschen trennen und darüber hinaus die Menschen zu einem Ganzen vereinen.

16

Der Preis für das Kreuz

Der Prediger und Aktivist Clarence Jordan besichtigte einmal eine der größten Kirchengemeinden Amerikas. Der Führer der Besichtigungstour brachte Clarence Jordan in den vorderen Teil der Kirche, wo sie den Altar betrachten konnten und erklärte: „Sehen Sie dieses Kreuz? Es ist ein goldenes Kreuz. Eines unserer wohlhabendsten Mitglieder hat es uns zur Erinnerung an seine Frau gestiftet. Dieses Kreuz, Mr. Jordan, das mit Blattgold belegt ist, hat einen Wert von über $ 750.000."

Clarence antwortete: „Ach was – es gab Zeiten, da konnte man eines umsonst bekommen!"

Christen sind Menschen, die verstanden haben, dass Jesus uns dazu aufruft, die Bedürfnisse anderer wahrzunehmen und die gerne auf Zurschaustellungen ihres Reichtums und die Verschwendung von Gottes Gaben verzichten.

17

Einen Komiker ernst nehmen

Lenny Bruce, ein Komiker, der ein Jahr nach seiner Verhaftung Selbstmord beging, hatte einmal gesagt: „Tief in meinem Herzen, aus reiner Logik, weiß ich, dass jeder Mensch, der sich Leiter einer Kirche nennt und zwei Anzüge besitzt, während die meisten Menschen keinen einzigen besitzen, ein Heuchler sein muss." Ich habe nie eine rechte Antwort auf diese Aussage gefunden, angesichts dessen, was Jesus in der Bergpredigt gesagt hat. Ich weiß, wenn wir das, was Jesus gesagt hat, richtig ernst nehmen, dann gibt es einen radikalen Umschwung in unserer Lebensweise.

18

Eitles Predigen

Als ich noch im Seminar war, musste ich natürlich auch einen Kurs im Predigen belegen. Jeder Student musste eine Predigt vorbereiten und vor den versammelten Kommilitonen halten. Als die Reihe an mich kam, war ich bestens vorbereitet. Ich glaubte, ein Meisterwerk in den Händen zu halten. Ich hatte diverse Bibelkommentare zurate gezogen und wollte auf der Kanzel tiefe Einsichten in Gottes Wort erläutern. Ich hatte die Predigt perfekt in drei Punkte gegliedert und gute Beispiele gefunden, um jeden einzelnen Punkt zu erhellen. Ich war mir ganz sicher, dass ich für diese Predigt die beste Note, ein A, bekommen würde. Am Ende der Stunde gab jeder Student einen Bewertungsbogen ab, ebenso der Professor. Ich werde niemals vergessen, was mein Professor auf seinen Bogen geschrieben hatte: „Note A+; eine großartige Predigt, aber eines sollten Sie sich merken, Tony. Sie können Menschen nicht in der gleichen Predigt davon überzeugen, dass Sie als Prediger wundervoll sind – und dass Jesus wundervoll ist."

In Philipper 2,3 werden wir dazu aufgerufen, nicht „um eitler Ehre Willen" (LUT) zu handeln. Der geisterfüllte Christ hat einen bescheidenen Geist, der alles vermeidet, was mit Angeberei und Überheblichkeit zu tun hat.

19

Wenn das Ich im Weg steht

Eine Frau erzählte mir die folgende Geschichte, die sich zutrug, als sie zu Besuch in einer Gemeinde im Mittleren Westen war. Nach dem Gottesdienst stand sie noch mit einigen freundlichen Menschen beisammen, die sie begrüßt hatten und die sich nun mit ihr unterhielten. Während der Unterhaltung stürmte der zehnjährige Sohn des Pastors auf die Kanzel und tönte über das noch eingeschaltete Mikrofon zu den noch anwesenden Gottesdienstbesuchern: „Schaut mal alle her, ich stehe auf der Kanzel!"

Eines der Gemeindemitglieder wandte sich an die Besucherin und bemerkte zynisch: „Das sagt sein Vater jeden Sonntagmorgen."

In 1. Korinher 13,4 lesen wir, dass die Liebe sich nicht aufspielt und nicht eingebildet ist.

20

Göttliche Höflichkeit

Desmond Tutu, ehemaliger Bischof Südafrikas und Nobelpreisträger, erzählte einmal folgende Geschichte als Antwort auf die Frage, warum er sich dazu entschieden habe, anglikanischer Priester zu werden.

Eines Tages gingen er und seine Mutter die Straße hinunter, als ihnen ein hochgewachsener, ehrwürdiger weißer Mann entgegen kam, der einen Priesterkragen trug. In den Tagen der Apartheid mussten schwarze Menschen vom Bürgersteig heruntergehen, wenn sich ihnen ein weißer Mensch näherte und respektvoll den Kopf neigen, während der Weiße vorüberging. Doch bevor Desmond und seine Mutter vom Bürgersteig heruntergehen konnten, verließ der weiße Mann mit dem Priesterkragen seinerseits den Bürgersteig, tippte sich respektvoll an den Hut, als er an dem Jungen und seiner Mutter vorüberging, und ging dann seines Weges.

Desmond Tutu erzählte, wie er daraufhin seine Mutter fragte: „Warum hat dieser Mann das getan?"

Ihre Antwort veränderte sein Leben: „Weil er ein anglikanischer Priester ist und die Güte, die er in der Heiligen Schrift erfahren hat, ihn zu einem Menschen gemacht hat, der Freundlichkeit und Liebenswürdigkeit auch dann an den Tag legt, wenn man es nicht unbedingt erwartet."

„Und in diesem Moment", erzählte Desmond Tutu, „entschied ich mich, anglikanischer Priester zu werden!"

Höflichkeit an den Tag zu legen, sollte im Leben eines jeden Christen eine Selbstverständlichkeit sein, denn Höflichkeit kann weitreichende Folgen haben.

21

Unterschiedliche Prioritäten, geteiltes Mitgefühl

An der Eastern University hat bei der Abschlussfeier jeweils ein Student die Möglichkeit, sich in einer kurzen Ansprache bei jenen zu bedanken, die ihm seine Ausbildung ermöglichten.

In einem Jahr wurde einer klugen jungen Frau diese Ehre zuteil. Als sie das Podium betrat, stand im Raum die Erwartung, dass sie nun vielen ihre Anerkennung aussprechen werde, insbesondere ihren Eltern, die viel geopfert hatten, um ihrer Tochter diese Ausbildung zu ermöglichen.

Im Verlaufe ihrer Rede wurde den Zuhörern immer unbehaglicher, denn die junge Absolventin schilderte, wie sie und ihr politisch konservativer Vater sich bei jedem ihrer Besuche zu Hause in ihrem Denken zunehmend voneinander entfernt hatten. Während sie sich einmal in allem einig gewesen waren, war es schließlich so weit gekommen, dass sie sich in politischen und wirtschaftlichen Fragen auf nichts mehr einigen konnten. In jedem Gespräch trat die ideologische Entfremdung von Vater und Tochter mehr zutage. Ich höre sie noch sagen: „Dad, es gib nicht viel, worin wir uns in politischen Fragen heute einig sind. Auch nicht da, wo es darum geht, was unsere Regierung für die Armen und Unterdrückten dieser Welt tun sollte."

Eine Welle des Ärgers durchflutete den Raum. Eine Abschlussfeier war nicht die passende Gelegenheit, um öffentlich auf seinem Vater herumzuhacken. Dies war nicht der geeignete Moment, ihn bloßzustellen und zu verletzten. Dann plötzlich kam es zu einer Wendung, als die junge Frau bekannte: „Doch alles, was ich denke und was ich mit dem Rest meines Lebens anfangen werde, ist dein Verdienst. Du hast mir Mitgefühl beigebracht. Alle meine politischen Überzeugungen und alles Engagement in meinem Leben kommen aus dem Mitgefühl, das du seit Kindertagen in mich hineingelegt hast. Vielleicht stimmen wir nicht darin überein, wie wir dieses Mitgefühl ausleben, Dad. Doch alles Bedeutende, das ich aus meinem Leben mache kann, ist, Dad, dein Verdienst. Du hast mich Mitgefühl gelehrt und alles andere in meinem Leben fließt davon aus."

Nur wenige Zuhörer hatten noch trockene Augen, als sie hörten, dass ein Vater und eine Tochter, so groß ihre ideologischen Differenzen auch sein mochten, in der Liebe zur Menschheit in Jesu Namen vereint waren.

Aus dem gemeinsamen Mitgefühl war eine Zusammengehörigkeit gewachsen, die Vater und Tochter für immer verbinden würde.

Verschiedene Christen mögen verschiedene politische Prioritäten setzten, aber ihr gemeinsames Bekenntnis dazu, Liebe und Gerechtigkeit in der Welt auszuleben, sollte sie zu gegenseitigem Respekt führen.

22

Sich wie ein Christ benehmen

Charles Spurgeon war nicht nur ein großartiger Prediger, sondern unterstützte darüber hinaus verschiedene Hilfsorganisationen in London. Über ihn kursiert folgende Geschichte.

Ein Amerikaner, der in Oxford, England, lebte, hatte vom Engagement Spurgeons und seiner Gemeinde gehört und wollte diese gute Arbeit mit einer ansehnlichen Geldsumme unterstützen, obwohl er selbst kein religiöser Mensch war.

Spurgeon und zwei seiner Diakone statteten also jenem Mann zu vereinbarter Zeit einen Besuch ab und sollten bei dieser Gelegenheit einen Scheck für ihre Hilfsprojekte erhalten. Die drei Besucher wurden ins Wohnzimmer gebeten und dort von dem freundlichen Spender eingeladen, sich eine seiner Lieblingszigarren zu nehmen. Die beiden Diakone lehnten erschrocken ab und ließen deutlich durchblicken, was sie vom Rauchen hielten. Spurgeon hingegen nahm sich eine Zigarre, zündete sie an und lobte nach einem kräftigen Zug deren ausgezeichneten Geschmack.

Im Zug zurück nach London zeigten sich die beiden Diakone empört und schimpften Spurgeon: „Wie konnten Sie nur? Sie sind ein Baptistenpastor! Wie konnten Sie nur von diesem Mann eine Zigarre annehmen und rauchen? Sie wissen doch genau, was wir über diese Dinge denken!"

Darauf antwortete Spurgeon: „Nun, ich hatte das Gefühl, wenigstens einer von uns sollte sich wie ein Christ benehmen."

23

Ewig jung

Gemeinsam mit 48 anderen Gemeindeleitern stellte ich eine Demonstration auf die Beine, die sich gegen drastische Einschnitte im Bundeshaushalt richtete, durch welche insbesondere ärmere Bürger hart getroffen worden wären.

Wir standen gemeinsam in der Rotunde des Capitols, sangen Loblieder und lasen immer wieder aus Jesaja, Kapitel 10, wo der Prophet sagt:

Der Herr sagt: Wehe denen, die Gesetze verabschieden, um andere ins Unglück zu stürzen, und Verordnungen erlassen, um andere zu unterdrücken! Sie betrügen die Armen und Schwachen meines Volkes um ihr Recht. Kaltblütig beuten sie Witwen und hilflose Waisen aus. Doch was wollt ihr tun, wenn die Zeit gekommen ist, in der ich euch bestrafe, wenn das Unglück von ferne über euch hereinbricht? Zu wem wollt ihr dann fliehen, bei wem Hilfe suchen? Wo wollt ihr euer ganzes Vermögen in Sicherheit bringen?

Jesaja 10,1-3 (HFA)

Mit in unserer Gruppe war auch ein 90-jähriger Kirchenältester aus Washington DC, der sich in den vergangenen 50 Jahren in zahlreichen Bewegungen für soziale Gerechtigkeit engagiert hatte. Er war schon bei einigen Gelegenheiten verhaftet worden und stand nun wieder kurz davor. Nach unserer Verhaftung wurden uns auf dem Polizeirevier Fingerabdrücke abgenommen. Einer der Polizisten schaute von seinem Schreibtisch auf, erblickte meinen älteren Freund und fragte: „Sie schon wieder? Wann werden Sie endlich erwachsen und hören mit diesen Dummheiten auf?"

Dieser alte Mann, im Auftrag des Herrn unterwegs, antwortete mit starker, klarer Stimme und einem Lächeln auf dem ganzen Gesicht: „Wenn man erfüllt ist von Gottes Geist und für Gerechtigkeit gegenüber den Armen kämpft, dann bleibt man ewig jung!"

Sicherheit in dem, wer man ist und die Sicherheit, dass das, was man tut, in Gottes Sinne ist, kann einen Menschen „ewig jung" halten.

24

Das Wesentliche nicht aus den Augen verlieren

Einzelheiten über die Entstehung des Taj Mahal liegen im Verborgenen, verloren in einer geheimnisvollen Vergangenheit. Es ist jedoch überliefert, dass ein unglücklich verwitweter Herrscher dieses Gebäude zu Ehren seiner verstorbenen Frau errichten ließ. Mit diesem Ziel engagierte er die besten Architekten, die er seinerzeit finden konnte. Bei der Auswahl der Baumaterialien wurden keine Kosten gescheut. Täglich setzte sich der trauernde Herrscher mit seinem Architekten zusammen, um ganz sicher zu gehen, dass das Bauwerk so schön wie nur möglich werden würde. Die Symmetrie des Gebäudes war ihm außerordentlich wichtig. Er plante alles in perfektem Gleichgewicht und in der genauen Mitte des Bauwerkes sollte schließlich der Sarg mit den Überresten seiner geliebten Frau platziert werden. Tagelang wurde diskutiert, wie das Gebäude schöner und schöner werden könne. Dann, eines Tages, schnitt der Architekt ein Thema an, das er bis dato nicht anzusprechen gewagt hatte. Das Einzige, was das perfekte Gleichgewicht des Gebäudes störe, so stellte der Architekt dar, sei der Sarg inmitten des Bodens. „Wenn der Sarg herausgenommen und andernorts untergebracht würde", sagte er, „dann wäre dieses Gebäude ein perfektes und ausgewogenes Denkmal für Ihre verstorbene Frau."

Nach gedankenvollen Überlegungen und vielen Treffen stimmte der Herrscher zu. Der Sarg wurde herausgenommen und seine Frau andernorts begraben. Heutzutage weiß niemand mehr so recht, wo sie begraben liegt. Ihr Leichnam ging bei der Errichtung eines wundervollen Gebäudes zu ihrem Gedenken verloren.

Manchmal, denke ich, ist diese Geschichte eine gute Metapher für die Kirche. Wir haben eine unglaubliche Institution geschaffen. Wir haben Gebäude im Namen Jesu errichtet. Wir haben raffinierte und üppige Bauwerke finanziert, um Ihn zu ehren. Doch es könnte sein, dass wir Ihn bei aller Konstruktion und allem Eifer aus den Augen verloren haben. Mit Marias Worten am Grab: „Sie haben meinen Herrn weggenommen, und ich weiß nicht, wohin sie ihn gebracht haben." (Johannes 20,13 NGÜ)

25

Freuen und fröhlich sein – aber wirklich!

Während 24 Jahren in Folge kam ich als Redner zum *Creation Festival*, einer großen Veranstaltung für junge Menschen, die alljährlich in Pennsylvania zusammenkommen, um aktuellen christlichen Bands zu lauschen und den Redner zuzuhören, die besonders eine junge Zielgruppe erreichen möchten. Jährlich zieht das *Creation Festival* 30.000-50.000 junge Menschen an.

Dieses christliche Festival endet immer am Samstagabend. In einem Jahr war ich der Prediger, der den Abschluss des Programms machte. Für den nächsten Morgen war ich dann eingeladen, in einer nahe gelegenen lutherischen Kirche zu predigen. Auf dem Festival sprach es sich alsbald herum, wo ich am Sonntag predigen würde und so hielten viele junge Menschen auf ihrem Heimweg dort an, um am Gottesdienst teilzunehmen. Statt der üblichen 200 bis 300 Gemeindemitglieder war die Kirche nun auf einmal mit etwa 1200 Menschen vollgestopft. Junge Leute füllten unten die Bänke und oben die Empore und standen noch dicht gedrängt zu beiden Seiten der Kirche.

Der lutherische Pastor hatte keine Ahnung, wo all diese jungen Menschen herkamen, als er mir zuraunte: „Wir haben Ihr Kommen wirklich in der ganzen Gegend angekündigt!" Und ebenso wenig war ihm bekannt, dass die jungen Menschen, die da seine Kirche füllten, ziemlich charismatisch angehaucht waren.

Der Gottesdienst begann. Der Pastor, in seinen Talar gewandet, stand am Lesepult, die Kerzen brannten, alles war für einen Gottesdienst in einem sehr formalen Rahmen gerichtet. Der Pastor eröffnete den Gottesdienst, indem er mit getragener Stimme sprach: „Dies ist der Tag, den der Herr gemacht hat. Lasst uns freuen und fröhlich sein in Ihm. Lasst uns kommen in Seine Tore voll des Dankes und Seine Höfe füllen mit Lobpreis."

Ein junger Mann auf der Empore riss seine Arme in die Höhe und rief aus voller Seele: „*Halleluja!*"

In der ganzen Kirche begannen junge Menschen zu klatschen und zu jubeln.

Ich schaute dem erstaunten Pastor zu, der die Reaktion zu begreifen versuchte, die seine Worte hervorgerufen hatten. Er war überwältigt. Das hätte er als Letztes auf der Welt erwartet, als er die Gemeinde aufrief, freudvoll für den Herrn die Stimme zu erheben – dass irgendjemand das auch tun würde.

Teil 3

Nähe zu Gott

Teil 3

NÄHE ZU GOTT

Der Geist, den Gott euch gegeben hat, ist ja nicht ein Sklavengeist, sodass ihr wie früher in Angst leben müsstet. Es ist der Geist, den ihr als seine Söhne und Töchter habt. Von diesem Geist erfüllt rufen wir zu Gott: »Abba! Vater!« So macht sein Geist uns im Innersten gewiss, dass wir Kinder Gottes sind. Wenn wir aber Kinder sind, dann sind wir auch Erben, und das heißt: wir bekommen teil am unvergänglichen Leben des Vaters, genauso wie Christus und zusammen mit ihm. Wie wir mit Christus leiden, sollen wir auch seine Herrlichkeit mit ihm teilen.

Römer 8,15-17 (GN)

Wir Christen sollten in der Lage sein, Gott mit *Abba* anzusprechen. Dies ist ein Name, der für die alttestamentarischen Juden eine intensive Nähe ausdrückte. In obigen Versen lesen wir, dass wir durch unsere Hingabe an Christus und durch unser Gebet um die Erfüllung mit dem Heiligen Geist, Gott *Abba* nennen dürfen. Wir können eine mystische Verbundenheit mit Gott spüren, die die tiefsten Bedürfnisse unseres Herzens stillt. Indem wir in eine immer tiefer werdende Beziehung zu Gott hineinwachsen, lernen wir etwas über Gottes Charakter. Gott ist dann nicht irgendeine Art von transzendentaler Möglichkeit, sondern vielmehr liebender Vater.

1

Ist das derselbe Gott?

In der Innenstadt von Philadelphia gab es ein Missionshilfsprogramm, bei dem obdachlose Männer eine kostenlose Mahlzeit und einen Schlafplatz angeboten bekamen. Das Einzige, was von den Männern umgekehrt erwartet wurde, war, dass sie eine Predigt absaßen.

Eines Abends war die Jugendgruppe unserer Gemeinde eingeladen, den Abendgottesdienst zu gestalten und die Gruppe wählte mich als Prediger aus. Als achtzehnjähriger Jugendlicher stand ich also an der Kanzel und hielt diesen Männern eine kraftvolle Predigt, eine rechte Höllenfeuer-und-Schwefel-Tirade. Ich predigte gegen die Sünde an und sagte den Männern, dass sie zu ewigen Höllenfeuern verdammt seien, wenn sie meine Botschaft nicht beherzigten und nicht nach vorne kämen und sich bekehrten.

Eine Eigenart von Menschen, die in ihrem Leben alles, einschließlich ihres Stolzes, verloren haben, ist, dass sie nicht zögern, das zu sagen, was sie wirklich denken. Da sie nichts zu verlieren haben, können sie gerade heraus mit dem sein, was sie denken. Einer der Männer rief mitten in meine Predigt hinein: „Sprechen Sie über denselben Gott, von dem wir letzte Woche gehört haben, als ein alter Mann hier bei uns gepredigt hat? *Er* erzählte uns, dass Gott voll der Liebe sei und uns helfen will, egal was wir vielleicht getan haben, und dass Gott uns lieben würde, ganz gleich, zu was für einer Sorte Mensch wir gehörten. Es hört sich nicht so an, als ob Sie über denselben Gott sprechen würden. Ihr Gott ist ärgerlich und richtet. Sprechen Sie über denselben Gott, von dem wir letzte Woche gehört haben?"

Die Frage des Mannes hat mich betroffen und zutiefst beschämt. Und ich erinnerte mich in diesem Augenblick wieder daran, dass Jesus nicht in die Welt gekommen war, um zu richten, sondern um Gottes Liebe zu offenbaren.

Johannes 3, 16-17 zeigt das ganz klar.

2

Gott ist nicht die Ursache des Bösen

In großer Trauer musste der bekannte Prediger William Sloan Coffin, einst Kaplan an der Universität von Yale, seinen Sohn zu Grabe tragen, der bei einem Kletterunfall ums Leben gekommen war. Der Pfarrer, der den Gottesdienst leitete, sagte zu der versammelten Gemeinde: „Wir müssen, was diesem jungen Mann geschehen ist, als den Willen Gottes annehmen."

Da sprang William Sloan Coffin auf und rief: „Niemals war das Gottes Wille! Als mein Sohn starb, war Gott der Erste, der weinte!"

Hatte er recht? Sind Tragödien der Wille Gottes oder sind sie einfach Ausdruck dessen, was mit dieser Welt verkehrt läuft? Sind es nicht die Tragödien, derentwegen Gott seinen Sohn in diese Welt sandte, um sie aufzuheben? Gott liebt uns zu sehr, um Leid in unserem Leben zu wollen. Die Bibel sagt, dass Gott nicht möchte, dass irgendjemand zugrunde geht (vgl. 2. Petrus 3,9).

3
Sich Jesus hingeben

Will Campbell, ein Prediger, der sich selbst „Apostel der Spießer" nennt, sagt, dass er sich manchmal vorstellt, wie ein Evangelist am Ende seiner Predigt die Menschen zu einer persönlichen Jesusbeziehung auffordert, indem er sagt: „Der Moment ist gekommen, um euer Leben Jesus hinzugeben und ihm zu begegnen. Wollt ihr das jetzt tun? Wollt ihr euer Leben jetzt Jesus hingeben?"

Der Einladung folgend beginnen die Leute aufzustehen und den Mittelgang hinunter zu gehen. In diesem Augenblick sagt der Prediger: „Ich habe euch nicht dazu aufgefordert, *mir* euer Leben hinzugeben; ich sagte, ihr solltet euer Leben Jesus hingeben. Geht also und gebt euer Leben Jesus hin."

Die Menschen, die den Mittelgang hinunter gekommen waren, drehen sich daraufhin um und verlassen die Kirche und der Prediger sagt zum Rest der Gemeinde: „Was ist mit euch anderen? Seid ihr bereit, euer Leben Jesus hinzugeben? Seid ihr dazu bereit, euer Leben jetzt Jesus hinzugeben und ihm zu begegnen?"

Die Menschen stehen auf und gehen rasch aus dem Gebäude, steigen in ihre Autos und fahren fort.

Nur wenig später laufen die Telefondrähte der Polizeiwache heiß. Der erste Anrufer sagt: „Bitte schicken Sie eine Streife im Altenheim vorbei. Hier hämmern Leute gegen die Tür und sagen, dass sie Jesus begegnen wollen. Sie sagen, sie wollen sich Jesus hingeben. Ich sage ihnen immer wieder, dass hier kein Jesus ist. Die einzigen Menschen hier sind ein paar vergessene Alte, die auf ihren Tod warten. Die meisten davon klapprig und manche haben Alzheimer. Jesus gibt's hier nicht, nur ein paar Alte. Aber die da draußen rufen weiter: ‚Lass uns rein. Wir wollen Jesus sehen. Wir wollen uns Jesus hingeben'."

Ein anderer Anruf kommt von einem Gefängniswärter, der Unterstützung anfordert: „Bewegt ein paar von euren Leuten hier her", bellt er den Polizisten an, „da draußen steht eine Gruppe Verrückter, die hämmern gegen die Gefängnistore und schreien: ‚Wir wollen Jesus begegnen. Wir wollen Jesus treffen. Wir wollen uns Jesus hingeben.' Ich sage ihnen immer wieder, dass hier kein Jesus ist. Die einzigen Leute hier sind Vergewaltiger, Mörder und Diebe, aber das hält die Verrückten nicht auf. Die schreien immer weiter, dass sie hier rein wollen und dass sie sich für Jesus hingeben wollen."

Ein anderer Anrufer bittet darum, dass irgendetwas mit diesen abgedrehten Leuten gemacht werden muss, die vor dem Hospiz für Aidskranke stehen und Jesus sehen wollen und die sich irgendwie für Jesus hingeben wollen. Der Anrufer berichtet, dass er den Leuten schon erklärt habe, dass es bei ihnen nur Aidskranke gäbe. „Ich habe diesen Verrückten gesagt, dass manche unserer Patienten Perverse sind und dass die hier alle am Rande des Todes stehen, aber das scheint sie draußen überhaupt nicht zu beeindrucken. Die behaupten immer weiter, sie wüssten, dass Jesus hier drinnen ist und darauf wartet, umarmt und geliebt zu werden. Sie sagen, dass sie gekommen sind, um sich Jesus hinzugeben."

Will Campbell sagt, er könne förmlich hören, wie Jesus zu ihm sage: „Was immer du für einen der Geringsten unter ihnen tust, das tust du für mich."

Nähe zu Gott zu erlangen geht immer auch einher damit, die Nähe derer zu suchen, die bedürftig und unterdrückt sind. Es ist Teil von Gottes Persönlichkeit, sich uns durch leidende Menschen zu nähern und uns durch bedürftige Menschen zu erreichen.

4
Alleine mit Jesus

Als Jugendlicher habe ich es gehasst, zum Sonntagabendgottesdienst gehen zu müssen. Es war nicht so, dass ich etwas gegen die Gemeinde im Allgemeinen gehabt hätte, es war einfach so, dass der Prediger am Sonntagabend nie vorbereitet war. Am Morgen bestand die Predigt aus drei Punkten und einem Gedicht, eine klare Sache. Dagegen der Prediger am Abend war gänzlich unorganisiert. Er schoss die Predigt eben mal so aus der Hüfte. Schlimmer noch, er hatte nicht einmal die Lieder ausgesucht. Es ist ganz leicht zu durchschauen, wenn ein Prediger nicht einmal die Lieder herausgesucht hat, denn er schaut dann mit einem breiten Grinsen in die Runde der versammelten Gemeinde und sagt, als ob er den Leuten einen Gefallen damit tun wollte: „Heute dürfen Sie einmal die Liedauswahl bestimmen. Hat jemand einen Vorschlag?"

An den meisten Sonntagen in meiner damaligen Gemeinde hob Mrs. Kirkpatrick, die immer im rechten Flügel in der drittletzten Reihe saß, ihre Hand und sagte: „Hundertzweiundzwanzig im Liederbuch!"

Ich hasste 122 im Liederbuch, denn ich war ein Jugendlicher, der in den rauen Straßen West Philadelphias zu überleben gelernt hatte, indem ich ein ziemlich raubeiniges Verhalten an den Tag legte. Ich musste nie kämpfen, da keiner sich traute, mich zu einem Kampf herauszufordern. Ich wusste, wie ich selbstsicher gehen musste. Ich wusste, wie ich mit frechem Blick die Straße hinunter schlendern und die Leute einfach niederstarren konnte. Niemand legte sich mit mir an. Ich war in Wirklichkeit gar nicht ganz so hart, aber dieses raue Image war mein Schutz.

Sonntagabends bummelte ich in die Kirche und setzte mich neben meine Mutter, die auf meiner Anwesenheit in jedem Gottesdienst bestand. Auf meinen Stuhl gelümmelt schauderte ich innerlich, wenn wir die 122 im Liederbuch singen mussten. Es war nicht gerade die Art von Lied, die ein Jugendlicher singen möchte, der sich alle Mühe gibt, hart zu sein:

„Ich komme allein in den Garten, während der Tau noch auf den Rosen glitzert..."

Für mich als Fünfzehnjährigen war dieses Lied einfach schrecklich kitschig. Die zweite Strophe war sogar noch schlimmer als die erste:

„Er spricht und der Klang seiner Stimme ist ach so süß, dass die Vögel in ihrem Gesang verstummen..."

Dieses Lied passte nun wirklich nicht zu meinem Machoimage und ich hasste es. Aber damals war ich 15. Je älter ich werde, desto lieber singe ich die 122 im Liederbuch. Je älter ich werde, desto lieber singe ich:

„Und er geht mit mir und er spricht mit mir und er sagt mir, dass ich sein eigen bin; und die Freude, die wir teilen, wenn wir nun dort verweilen, hat keiner je gekannt."

Man muss schon ein paar Jahre auf dem Buckel haben, bevor man sich von diesen Worten einhüllen lassen und es genießen kann, allein „in den Garten zu kommen", wo in der Stille der Nacht Seine Gegenwart das eigene Dasein durchdringt und die Seele erfüllt.

5

Adoption ohne Bedingungen

Ein junges Paar, das keine Kinder bekommen konnte, entschloss sich zur Adoption eines bereits älteren Kindes. Sie nahmen Kontakt mit einer christlichen Adoptionsvermittlung auf, füllten seitenweise Formulare aus und führten lange Vorgespräche. Eines Tages endlich erhielten sie die freudige Nachricht, dass ein zehnjähriger Junge ein Zuhause brauchte und dass sie als Adoptionseltern infrage kämen. Sie waren überglücklich.

Das Paar machte sich daran, für den Jungen ein Zimmer einzurichten. Sie tapezierten das Zimmer mit einer Fußballtapete, besorgten für ihn ein ganz besonderes Bett und allerlei Spielsachen, die ein zehnjähriger Junge mögen könnte.

Als der Tag der Adoption kam, traf das Paar sich mit dem Mitarbeiter des Sozialdienstes und dieser stellte ihnen endlich ihren neuen Sohn vor. Sie fuhren gemeinsam nach Hause und zeigten dem Jungen das Zimmer, das sie für ihn hergerichtet hatten. Der Junge war starr vor Staunen.

Die Spielsachen, die Sportausrüstung, das Bett, die Tapete – das alles übertraf seine kühnsten Vorstellungen. Doch den Adoptionseltern fiel auf, dass der Junge mit all dem nicht sehr glücklich schien. Sie spürten seine Anspannung und fragten den Jungen besorgt, ob irgendetwas nicht in Ordnung sei.

Der Junge antwortete: „Ihr gebt mir all das hier und ihr sagt, das hier ist mein Zimmer. Ihr sagt, dass ich ab jetzt hier leben werde und dass all das hier mir gehört. Aber ich frage mich, was ich tun muss, damit ich das auch wirklich haben kann? Was erwartet ihr von mir, damit ich die Sachen und das tolle Zimmer behalten kann?"

Die erstaunten Eltern gaben dem Jungen zur Antwort: „Du musst überhaupt nichts tun. Alles, was wir uns wünschen, ist, dass du uns liebst. Wir lieben dich schon und wir wünschen uns, dass du uns ebenfalls liebst. Das ist es. Das ist alles, worum es geht. All das gehört dir, weil wir dich gern haben und uns wünschen, dass du uns auch gern haben kannst."

Genau so ist es mit der Erlösungsgeschichte. Gott hat uns die Erlösung zum Geschenk gemacht. Wir müssen sie nicht verdienen.

Wir müssen nicht beweisen, dass wir sie verdienen. Alles, was Gott sich wünscht, ist unsere Liebe.

6

Besitz oder Nähe

Richard Rohr, seines Zeichens franziskanischer Aktivist und Prediger, erzählte folgende Geschichte von dem Gebet eines alten Mannes in Afrika. Nachdem Richard Rohr dort gepredigt hatte, betete der alte Mann: „Herr, lass uns niemals in Steinhäusern leben."

Rohr hatte keine Ahnung, was dieses Gebet zu bedeuten hatte. Nach dem Gottesdienst fragte er den alten Mann, warum er dieses Gebet gesprochen habe. Der alte Mann antwortete: „Sie kennen Afrika. Sie haben unser Land gesehen. Die Menschen hier leben in Hütten und die Hütten haben keine Türen. Deshalb ist Ihre Familie auch meine Familie und meine Familie ist auch Ihre Familie. Aber sobald Sie in ein Steinhaus ziehen, bauen Sie auch eine Tür. An die Tür machen Sie ein Schloss und hinter der Tür beginnen Sie, mehr und mehr Dinge anzuhäufen. Dann müssen Sie den Rest ihres Leben damit zubringen, all das, was Sie erworben haben, zu beschützen."

Diese Geschichte erinnert mich an Menschen, die mit den Gütern dieser Welt so beschäftigt sind, dass sie vergessen, was wirklich wichtig ist – Nähe zu anderen und dies beinhaltet auch die Nähe zu Gott.

7

Belanglose Beschäftigung

Es gibt ein Spiel mit dem Namen *Trivial Pursuit* (deutsch: Belanglose Beschäftigung). Ich finde den Titel dieses Spieles höchst interessant, denn so viele Menschen verbringen einen guten Teil ihres Lebens mit belanglosen Beschäftigungen. Ich las kürzlich von einem Mann, der fünf Jahre seines Lebens darauf verwandt hatte, das Empire State Building aus Zahnstochern nachzubauen. Das ist wohl kaum ein sinnvoller Umgang mit Zeit, wie ihn die Bibel versteht.

Das Größte, das wir Jesus zufolge tun können, ist Gott mit ganzem Herzen, aus ganzer Seele und mit dem ganzen Verstand zu lieben. Solche Nähe zu Gott äußert sich in der Liebe zu unserem Nächsten und zu uns selbst. Sich durch ein schönes Hobby zu entspannen, ist eine gute Sache, wenn es uns nicht von der eigentlichen Beschäftigung abhält, die im „höchsten Gebot" dargelegt wird. Matthäus 22,36-40 (LUT).

8

Das Wunder des Gewöhnlichen

Ich lag mit einer Magen-Darm-Geschichte im Bett und zappte durch das Fernsehprogramm. Aus irgendeinem Grund blieb ich an *Mister Rogers Nachbarschaft* hängen, einer Kindersendung im öffentlich-rechtlichen Fernsehen. Noch bevor ich richtig verstanden hatte, um was es überhaupt ging, war ich schon ganz fasziniert von diesem höflichen und freundlichen Mann und lauschte ergriffen seinen Erklärungen. „Jungs und Mädchen, ich werde nun dieses Aquarium mit Wasser füllen. Die Fische brauchen frisches Wasser und ich werde ihnen nun frisches Wasser geben. Schaut mir genau zu." Ich war ganz gefangen von dem, was Mister Rogers da tat. Er nahm ein Glas, füllte es mit Wasser und schüttete das Wasser in das Aquarium. Und dann füllte er erneut langsam das Glas mit Wasser und dann wieder und wieder. Bei jedem Glas Wasser erzählte er davon, wie wunderbar es war, den Fischen ein so großes Geschenk machen zu können wie frisches Wasser.

Ohne es recht zu bemerken, wurde ich zurück in meine Kindheit versetzt, und während Mister Rogers noch Glas um Glas Wasser in das Aquarium schüttete, war ich zunehmend von Ehrfurcht und Staunen erfüllt. In einem Augenblick entfuhr mir sogar ein „Wow!", dann nahm ich mich mit einem Mal zusammen und wurde wieder ein Erwachsener. Das war eine Schmach! *Kinder* haben die Fähigkeit, das Wunder in ganz gewöhnlichen Ereignissen und Dingen zu begreifen.

Ich glaube, wenn wir im Geist Gottes leben, dann kann unser kindlicher Sinn für Wunder wieder zum Leben erweckt werden und wir können wieder wie kleine Kinder staunen.

Letztendlich bringt echte Spiritualität immer auch ein Gespür für die kleinen Wunder mit sich, die ansonsten zu oft unbemerkt bleiben oder als gewöhnlich übersehen werden.

Teil 4

Der Auftrag, die Schöpfung zu retten

Teil 4

DER AUFTRAG, DIE SCHÖPFUNG ZU RETTEN

Denn ich bin überzeugt, dass dieser Zeit Leiden nicht ins Gewicht fallen gegenüber der Herrlichkeit, die an uns offenbart werden soll. Denn das ängstliche Harren der Kreatur wartet darauf, dass die Kinder Gottes offenbar werden. Die Schöpfung ist ja unterworfen der Vergänglichkeit – ohne ihren Willen, sondern durch den, der sie unterworfen hat -, doch auf Hoffnung; denn auch die Schöpfung wird frei werden von der Knechtschaft der Vergänglichkeit zu der herrlichen Freiheit der Kinder Gottes. Denn wir wissen, dass die ganze Schöpfung bis zu diesem Augenblick mit uns seufzt und sich ängstet. Nicht allein aber sie, sondern auch wir selbst, die wir den Geist als Erstlingsgabe haben, seufzen in uns selbst und sehnen uns nach der Kindschaft, der Erlösung unseres Leibes.

Römer 8,18-23 (LUT)

Wenn wir Gott nahe sind, dann führt das dazu, dass die Dinge, die Gott auf dem Herzen liegen, auch zu unserer Herzenssache werden. Wenn Gott unser Dasein durchdringt, dann werden seine Anliegen unsere Anliegen. So wie Gott seinen Sohn in die Welt brachte, so bringt er auch uns die Welt, um ihrem Leid zu begegnen.

Die gesamte Schöpfung ist in einem gefallenen Zustand. Böse Kräfte bewegen sich durch die Welt und hinterlassen Verwüstung. Rassismus, Sexismus, Armut, Homophobie, Gewalt, Umweltzerstörung, Grausamkeit, Ungerechtigkeit und Krankheit sind offensichtlich überall. Die obigen Verse sagen uns, dass die Schöpfung darauf wartet, durch von Gott angesteckte Christen aus dieser schmerzvollen Realität gerettet zu werden.

1

Wenn die Wiedergeborenen versagen

Vor einigen Jahren bereitete sich ein sehr prominenter Evangelist darauf vor, in der Stadt Jackson, Mississippi, einige Evangelisationsveranstaltungen durchzuführen. Im Vorfeld rief er die Pastoren und Geistlichen der Stadt zusammen, um ihnen einen Überblick zu geben, wie er seine Botschaften entfalten wollte. Er sprach mit ihnen über die Themen seiner Predigten und erklärte ihnen auch, was er von ihnen als Partner erwartete, damit das Evangelium in ihrer Gegend verkündigt werden könne.

Der Evangelist beendete seine Präsentation und bat um Fragen. Ein alter afroamerikanischer Prediger stand auf und stellte zögernd und etwas umständlich eine Frage: „Evangelist, was möchtest du in dieser Stadt erreichen? Was hoffst du, dass hier passieren soll? Kannst du uns das sagen?"

Der Evangelist antwortete wie aus der Pistole geschossen: „Ich wünsche mir, dass jeder Einwohner von Jackson ein wiedergeborener Christ wird!

Da erwiderte der alte schwarze Prediger: „Mister! Seit ich ein Kind war, gibt es immer wieder Leute, die mich wie Dreck behandeln. Sie geben mir das Gefühl, weniger als nichts zu sein, in dem sich mich betrügen und mich wie Luft behandeln. Und weißt du was? Die meisten davon nennen sich wiedergeborene Christen. Und du sagst uns, du möchtest, dass jeder in Jackson ein wiedergeborener Christ wird?"

Dieser alte Prediger bringt uns zu der Frage, was es tatsächlich heißt, wiedergeboren zu sein und ob die Leute, die eine Wiedergeburt für sich in Anspruch nehmen, wirklich durch Jesus verändert wurden. Wer gerettet ist, wird von Gottes Liebe dazu getrieben, sich für das Ende der Unterdrückung durch Rassismus einzusetzen.

2

Die Seele eines Landes retten

Mark Hatfield, dem ehemaligen Senator von Oregon, wird folgende Aussage zugeschrieben: „Das Christentum wurde in Israel geboren. Dann brachten sie es nach Griechenland, dort wurde es zu einer Philosophie. Dann brachten sie es nach Rom und sie machten es zu einer Institution. Dann brachten sie es ins restliche Europa und machten es zu einer Kultur. Dann brachten sie es nach Amerika, dort wurde es in ein lukratives Geschäft verwandelt." Wer möchte behaupten, dass diese interessante und durchdachte Aussage nicht richtig wäre?

Als Hitler an die Macht kam, erkannte er, dass er die Kirche ruhig stellen musste. Denn sie könnte eine Kraft gegen seine totalitären Ziele werden. Um dies zu erreichen, rief er Pfarrer zusammen, um ihnen all das Gute nahe zu bringen, das er für Deutschland tun wollte. Unter den Pfarrern war auch der junge Dietrich Bonhoeffer. Er hörte, wie Hitler zusagte, dass er keinen Einfluss auf die kirchliche Arbeit an den bedürftigen Seelen in Deutschland nehmen wolle. Bonhoeffer machte diese Aussage zu Hitlers Ausführungen: „Natürlich bin ich besorgt um die Seelen der Menschen, aber ich bin auch besorgt um die Seele der gesamten Nation. Was wird dieser Seele geschehen in den Tagen, die vor uns liegen?"

Als Hitler den Raum verließ, hörte man ihn sagen: „Diese Pfarrer können sich ruhig um die Seelen der Menschen bemühen. Ich werde die Seele der Nation übernehmen."

Diese Geschichte verdeutlicht, dass es niemals ausreichen kann, nur dem Einzelnen zu dienen. Gott hat uns gerufen, nicht nur Menschen für Christus zu gewinnen, sondern auch gegen die Mächte und Kräfte der Herrscher dieser Zeit anzugehen (siehe Epheser 6,12).

3

Das ist wirklich obszön!

Das bekannte Sexsymbol Mae West musste eine ihrer Striptease-Shows in New York City beenden, weil einige der führenden Geistlichen der Stadt interveniert hatten. Als sie Mae West wegen ihres obszönen Verhaltens tadelten, sagte sie: „Ich sage euch, wer obszön ist. Ihr seid das. Ihr solltet Männer Gottes sein, aber ihr steht nicht gegen die Politiker auf, die Kriege anzetteln. Ich sage euch, wer obszön ist. Das seid ihr Prediger, die ihr wie Reiche lebt, statt euch und andere dazu aufzurufen, das zu geben, was ihr habt, um den Armen zu helfen. Ich sage euch, was obszön ist. Das sind die Kirchen, die Tausende von Dollars für Buntglasfenster ausgeben und dann behaupten, das würde auch Jesus mit dem Geld tun."

Wir müssen uns fragen, wieso es nötig ist, dass eine Sex-Ikone wie ein von Gott gesandter Prophet zu uns sprechen muss, um uns herausfordernd auf die Obszönitäten in unserer Frömmigkeit hinzuweisen, die wir so oft ignorieren.

4

Vergeudete Möglichkeiten und vergeudete Zeit

Sören Kierkegaard, der dänische Philosoph und Theologe im 19. Jahrhundert, hat oft deutlich gemacht, wie lächerlich die Dinge sind, die im Namen der Kirche vollbracht werden. Seine Gleichnisgeschichten sind bissig und pointiert. Eine seiner besten Geschichten ist diese: Eine große Gruppe von Männern ist intensiv und konzentriert dabei, ein ganzes Arsenal an Gerätschaften für die Tiefseetaucherei vorzubereiten und zu testen. Endlich kommt der Taucher. Sie legen ihm den schweren Tauchanzug an und testen alle Sauerstoffversorgungen. Und jetzt kommt Kierkegaards Punkt: Nachdem alles am Start ist, klettert der Tiefseetaucher in eine halb volle Badewanne, taucht und zieht den Stöpsel.

Die Analogie auf die Kirche ist leicht zu verstehen: ein großer Apparat, der viel Energie und Zeit darauf verwendet, um Dinge zu tun, die von wenig Bedeutung sind. Wenn doch nur die Kirche ihre Möglichkeiten und ihre Zeit dafür einsetzen würde, um das zu tun, was die großen Themen des Reiches Gottes sind.

5

Eine Stimme für die Armen

Nach dem Bryan Stevenson, einer meiner früheren Studenten, sein Studium an der Eastern University mit Auszeichnungen beendet hatte, studierte er Jura an der Harvard University. Viele waren sehr überrascht, dass Bryan nach seinem Abschluss an der Harvard University nicht eine Kanzlei eröffnete, wo er locker eine halbe Million Dollar im Jahr verdienen könnte. Stattdessen ging der Absolvent mit afroamerikanischer Abstammung nach Montgomery, Alabama, dort begann er eine Non-Profit-Organisation, die zum Tode verurteilten Gefangenen juristische Hilfe anbietet.

Bei einer Gelegenheit fragte ich Bryan, ob er die Todesstrafe ablehne. Er antwortete: „Wie kann ein Christ für die Todesstrafe sein, wenn Jesus sagt: Gesegnet sind die Barmherzigen, denn sie werden Barmherzigkeit erfahren (Matthäus 5,7). Und selbst wenn du für Todesstrafe bist, wie kann du dies unterstützen in einem Land, in dem es zwei Arten von Gerechtigkeit gibt: eine für die Reichen und eine für die Armen. Und wenn du nicht glaubst, dass das so ist, dann muss ich dir sagen, dass du den Bezug zur Wirklichkeit verloren hast."

„Die Armen", so fuhr Bryan fort, „gehen in diesem Staat in die Todeskammer, nicht nur, weil sie schuldig sind, oder vielleicht auch nicht, sondern weil sie im Gerichtsverfahren keinen guten juristischen Beistand hatten, der für sie aufgestanden und für sie gesprochen hätte."

Er sprach weiter, mit einem kleinen Lächeln auf dem Gesicht: „Außer in Montgomery, Alabama, denn in Montgomery, Alabama, spreche ich für die Armen, mein lieber Doktor. Ja, ich spreche für die Armen, und ich bin gut. Ich bin wirklich gut."

Ich dachte für mich: Bryan, du weißt gar nicht, wie gut du wirklich bist. Du hast dich hingegeben, um eine Berufung von Gott auszuleben, du bist eine Stimme für die Armen, für die, die keine Stimme haben. Und du warst bereit, den Preis für diese Berufung zu bezahlen.

6

Viel zu beschäftigt, um zu helfen

In Flauberts Novelle „Madame Bovary" ist eine Frau als tragische Figur der Geschichte in der Versuchung, der Leere ihres Lebens durch eine Affäre mit dem Gärtner zu entkommen. Sie läuft zur nah gelegenen Kirche, um den Priester um Gebet und Hilfe zu bitten. Als sie den Priester sieht, ruft sie: „Vater! Vater! Ich habe Probleme!"

Der Priester ruft zurück: „Probleme! Probleme! Jeder hat Probleme." Er dreht sich um und geht davon. An diesem Tag hatte er viel zu viel um die Ohren, um dieser verzweifelten Frau zu helfen. Madame Bovary verlässt die Kirche, geht zurück zu ihrem Grundstück und stürzt sich in die ehebrecherische Beziehung, die ihr Leben zerstören wird.

Wie oft weisen wir in unserer Geschäftigkeit dringende Nöte zurück? Wir müssen uns fragen, ob unser voller Terminkalender uns oft davon abhält, die Untergehenden zu retten und nach den Sterbenden zu sehen.

7
Aufstehen für Gerechtigkeit

In dem Film *To Kill a Mockingbird* (deutsche Version: Wer die Nachtigall stört) spielt Gregory Peck einen Rechtsanwalt namens Atticus Finch, der in einer südlichen Stadt einen Schwarzen verteidigt, der zu Unrecht angeklagt ist, eine weiße Frau vergewaltigt zu haben. Dieser Fall hat die ganze Gegend unter Hochspannung gesetzt und der Gerichtsraum ist überfüllt, als Atticus seines Bestes gibt, um letztendlich aussichtslos gegen die Voreingenommenheit die Beweise zu führen, dass der Beschuldigte dieses Verbrechen überhaupt nicht begangen haben kann.

Die Weißen der Stadt sind im Hauptraum versammelt, während die schwarzen Einwohner der Stadt oben im Balkonbereich dicht zusammengedrängt sitzen. Unter ihnen Atticus Tochter Scout.

Atticus hält sein engagiertes, aber vergebliches Plädoyer, danach leert sich der Gerichtsraum, nur die schwarzen Einwohner und Scout bleiben noch oben sitzen.

Atticus weiß nicht, dass seine Tochter oben auf dem Balkon sitzt, er packt müde seine Papiere zusammen und geht langsam zur Tür am hinteren Ende des Gerichtsraumes. Die schwarzen Einwohner erheben sich von ihren Plätzen, um den Mann zu ehren, der für Gerechtigkeit im Angesicht des weißen Rassismus eintritt.

Seine Tochter Scout versucht noch zu verstehen, was hier gerade vor sich geht, als neben ihr der schwarze Prediger sie antippt, ihren Arm fasst und sagt: „Steh auch auf, dein Vater kommt vorbei."

In unserer Welt gibt es Helden, die unseren Respekt verdienen, weil sie ungeachtet der persönlichen Nachteile und der Verfolgung unerschrocken für Gottes Wahrheit einstehen.

8
Erlösung für Tiere

Am Ende des vierten Jahrhunderts entstanden apostolische Geschichten (Apostelakten) *), eine Anekdote sei hier wiedergegeben. Im *Act of Philip (Philippusakten)* geht es um Philippus, der unter Gottes Leitung zusammen mit Bartholomäus und Miriam im Land Ophiani unterwegs war.

Als sie durch einen Wald kamen, begegneten sie plötzlich einem großen Leoparden, der sich zu Philippus Füßen warf und mit menschlicher Stimme sprach: „Höre mich an, Philippus, du Gesandter Gottes, gestern kam ich bei einer Herde Ziegen vorbei und nahm mir ein Junges.

Ich schleppte es in den Wald, um es verzehren. Als ich es bereits verwundet hatte, bekam das Zicken eine menschliche Stimme, weinte wie ein Kind und sagte: O Leopard, lass dein böses Herz und deine räuberische Natur, nimm Milde an, denn ein Apostel Gottes kommt bald hier durch."

Er war, so erzählte der Leopard weiter, völlig überrascht und konnte das Junge nicht fressen.

Als er hoch schaute, sah er bereits Philippus und seine Freunde kommen und er wusste, dass dies die angekündigten Diener Gottes waren.

So lief er los, um Philipp zu bitten, ihn von seiner räuberischen Natur zu befreien.

Philippus befahl dem Leoparden, ihn zu dem verletzten Zicklein zu bringen.

Als sie dort ankamen, betete Philippus über ihm: „Jesus, der Du die Menschen liebst, wir wissen, dass nichts Deine Hingabe und Liebe zu uns übertrifft. Wir bekennen dies als Wahrheit und glauben Deinem Wort. Diese bedrängten Tiere bringen uns dazu, noch mehr Dich und Dein Heil zu suchen. Bringe Du Lebensatem und Erlösung auch zu diesen Kreaturen, damit Frieden sei zu Deiner Ehre."

Wenn man diese Geschichte liest, wird man sofort an Römer 8,22+23 erinnert, wo geschrieben steht, dass die Schöpfung seufzt und sich ängstigt, und dass sie auf Erlösung hofft. Der Erlöser kam nicht nur, um uns Menschen zu retten, sondern auch um eine gefallene Schöpfung wieder zu erneuern.

*) *Anmerkung des Übersetzers: Geschichten in romanhafter fantasievoller Erzählform, gehören nicht zum Kanon der Bibel*

9

Politik – wenn Liebe aktiv wird

Wir alle kennen die Geschichte vom barmherzigen Samariter, in der uns Jesus erzählt, wie ein Mann auf der Straße nach Jericho von Dieben ausgeraubt und schwer verletzt wird, wie ein Samariter ihn rettet, ihn zu einer Herberge bringt und dafür sorgt, dass der Verletzte dort gesund gepflegt wird – auf Kosten des Samariters. Stellen Sie sich vor, die Geschichte würde weitergehen!

Der Samariter gründet einen Verein „Endlich Sicherheit für jedermann auf der Straße nach Jericho". Der Verein organisiert Demos und öffentliche Kundgebungen, um auf die Probleme aufmerksam zu machen. Als einen ersten Erfolg lässt der Gemeinderat Straßenlaternen an der Straße nach Jericho installieren. Der Verein entfernt in Eigenarbeit das Buschwerk, das den Räuberbanden bei ihren Überfällen Deckung gibt. Außerdem wird organisiert, dass nachts ein Sicherheitsdienst auf der Straße patrouilliert.

Wäre das nicht ein Beispiel, wie christliche Nächstenliebe aktiv wird? Und wäre es nicht konsequent, die Politiker nicht mehr zu wählen, die korrupte Polizisten und Mittelsmänner decken, die von diesen Verbrechen profitieren? Ist es nicht Gottes Auftrag an uns, dafür zu sorgen, dass Missstände aufgedeckt und in Ordnung gebracht werden?

10

Was tun, bis er wiederkommt?

Wenn ich predige, weise ich immer wieder darauf hin, dass keiner weiß, wann Jesus wiederkommt. Die Möchtegern-Propheten, die alles ganz genau wissen und sogar exakte Wiederkunftstermine angeben können, die kann man getrost vergessen. Ich sage meinen Zuhörern, dass es mich nicht beschämt, wenn ich zu Jesu Wiederkunft keine genauen Angaben machen kann, denn Jesus selbst weiß es auch nicht, wann er wiederkommen und sein Königreich auf Erden errichten wird. Jesus erklärte seinen Jüngern, dass der Menschensohn die Stunde nicht weiß, auch nicht die Engel; aber wenn sie es unbedingt wissen wollen, sollen sie doch Hal Lindsey oder einen der anderen Endzeitspezialisten fragen. Wenn ich das sage, gibt es immer einen Lacher.

Keiner weiß Tag oder Stunde, wann Jesus wiederkommen wird, aber eines wissen wir: Bis dahin ist es unser Auftrag, die Verlorenen zu retten und zu versuchen, die Welt so zu ändern, dass sie ungefähr dem entspricht, wie sie eigentlich hätte sein sollen. Die Bibel sagt, dass Gott, der in uns und durch uns diese guten Dinge tun will, sie am Tage der Wiederkunft vervollständigen wird (siehe Phil 1,6).

11

Die Frucht der Erweckung

J. Edwin Orr, einstmals Professor für Mission und Kirchengeschichte am Fuller Theological Seminary, war ein Experte für die Geschichte der Erweckung in Wales im Jahre 1906. Das gab es nicht oft, dass eine Erweckung einen ganzen Landstich mit seinen Menschen so erfasst hat. Die Leben vieler Menschen wurden radikal geändert.

Entlang der südlichen Seeküste von Wales, von Swansea bis Cardiff, gab es mehrere Schiffswerften. Jahrelang hatten die Arbeiter dort Werkzeug mitgehen lassen – vom einfachen Hammer bis zur Schubkarre. Als die Erweckung sozusagen zuschlug, wurde den Männern schnell klar, dass echte Umkehr bedeutet, das gestohlene Gut zurückzubringen. Es waren so viele, dass die Werften mit dem Diebesgut überquollen. Edwin Orr hatte immer Spaß daran, von den Aufzeichnungen zu berichten, die bezeugen, dass bei manchen Werften Schilder standen, auf denen ungefähr Folgendes stand: „Falls Sie sich bei der Erweckung bekehrt haben und nun vorhaben, gestohlenes Werftmaterial zurückzubringen, bitte tun Sie es nicht. Behalten Sie, was Sie gestohlen haben. Wir haben keinen Platz mehr für das gestohlene Material."

Das sind die Früchte einer Erweckung! Immer gibt es Veränderung dadurch im Lauf der Welt.

12

Veränderte Menschen verändern die Welt

Als ich anfing, mich stark in sozialen Themen zu engagieren, sagten mir einige meiner evangelikalen Freunde, dass dies reine Zeitverschwendung sei. Ich kann mich erinnern an das, was sie sagten: „Ist dir nicht klar, dass du deine Kraft darein investieren solltest, dass Menschen für Christus gewonnen werden? Christus kann dann ihr Leben verändern und veränderte Menschen verändern die Welt."

Ich habe lange darüber nachgedacht. Durch Christus wurde ich zu einem veränderten Menschen und möchte nun die Welt verändern. Aber genau die Personen, die sagen, dass veränderte Menschen die Welt verändern, sind nun dagegen.

13

Nur leben, das reicht nicht

Immer wieder begegne ich Menschen, die ungefähr das Folgende sagen: „Ich denke, man muss nicht umhergehen und den Menschen von Jesus erzählen. Es ist wichtig, das Leben zu leben, das Jesus von uns möchte. Das werden andere sehen und dann Christen werden. So mache ich das."

Was für eine Überheblichkeit! Lassen Sie uns kurz überlegen. Diese Leute sagen letztendlich: „Ich muss Jesus niemandem erklären. Ich lebe ein so überzeugendes Leben, dass es meine Empfehlung ist, mein Leben gut anzuschauen, denn dann möchte jeder sofort Christ werden."

Ich weiß nichts über Sie, aber ist es nicht so, dass ich nicht unbedingt möchte, dass andere mein Leben in jedem Detail betrachten? Denn da sind genug Schwächen und Verfehlungen, der Betrachter würde schnell jede Illusion verlieren.

Ich predige nicht mich, ich predige Jesus. Ich mache nicht mich groß, ich mache Jesus groß. Ich muss den Menschen von Jesus sagen, denn nur er verkörpert die Qualität, in die wir verwandelt werden wollen. Wir selbst fallen da weit zurück in Sachen Herrlichkeit. Durch die klare Verkündigung des Evangeliums erhalten andere die Möglichkeit, eine verändernde Beziehung mit Gott einzugehen – und veränderte Menschen sind ein Werkzeug der Liebe und Gerechtigkeit. Das sind Menschen, die wiederum die Welt verändern können (siehe Römer 10,15).

14

Immer über das Gleiche reden

Mein Freund und gelegentlicher Mitautor William Willimon ist Pastor und Bischof der methodistischen Kirche. Eines Morgens bekam er zu hören, was auch viele andere Väter sich am Sonntagmorgen anhören müssen. Seine sechsjähriger Sohn sagte: „Ich möchte nicht mit zur Kirche gehen."

Als Will ihn fragte, warum, sagte der Junge: „Weil Kirche langweilig ist."

„Warum meinst du ist sie langweilig?", fragte der Pastorenvater.

„Sie tun immer nur das Gleiche: Sie reden über Jesus", antwortete der Sohn. „Jesus, Jesus, Jesus, Jesus. Das ist alles, was man dort hört. Man trifft nur Leute, die über Jesus reden."

Ja, wenn das nur wahr wäre in jeder Kirche! Über Jesus reden, das ist entscheidend, wenn die Welt gerettet werden soll.

15

Das Gesamtbild im Auge behalten

In einem Jahr veranstaltete unser Missionswerk in Camden, New Jersey, einen „Nachbarschafts-Putztag". Die Jungs und Mädchen bekamen große Abfallsäcke und verteilten sich in der gesamten Nachbarschaft, um allen Arten von Müll einzusammeln, auch zerbrochene Flaschen und weggeworfene Bierdosen. Die Kinder waren mit großer Begeisterung dabei, beseelt von dem Gedanken, ihre Gegend zu einem Umfeld zu machen, in dem man gerne lebt.

Es ergab sich, dass ich an diesem Tag mit meinem Auto durch die Gegend kam, ich sah einen kleinen Jungen, höchstens acht Jahre alt, der einen riesigen, mit Müll gefüllten Abfallsack hinter sich herzog. Ich kurbelte die Fensterscheibe runter und rief: „Hallo Junge, was machst du?" Der Junge, der mich nicht kannte, rief zurück: „Ich putze Amerika!"

Die Aufgaben, die der gute Gott uns gibt, scheinen oft sehr klein zu sein. Aber wenn wir sie als Teil eines großen Gesamtwerkes sehen, wird es uns Kraft geben, weiter ausdauernd am Bau des Gottesreiches mitzuwirken, wie im Himmel so auf Erden.

16

Vater Zossimas Ratschlag

In Dostojewskis bekanntem Roman „Die Brüder Karamasow" sagt der Priester, dessen Werte die gesamte Geschichte bestimmen, den Brüdern: „Liebt die gesamte Schöpfung Gottes, wirklich alles, jedes Sandkorn, liebt jedes Blatt, jeden Lichtstrahl, der aus Gottes Licht kommt. Liebt die Tiere. Liebt die Pflanzen. Liebt alles, und wenn ihr alles liebt, dann werdet ihr das göttliche Geheimnis in den Dingen verstehen."

17

Tun, was sie tun müssen

Ein Freund berichtete mir von seinem Besuch in einem Dorf in Malawi, das durch Aids so gut wie zerstört war. Er konnte dort niemanden finden, der älter als achtzehn Jahre war. Alle älteren Männer und Frauen waren bereits gestorben. Fast jeden Morgen kamen etwa 8-12 Taxifahrer mit ihren Autos ins Dorf, die die völlig verarmten Teenagermädchen anmachten: „Komm mit und arbeite für uns einen Tag. Du musst doch Brüder und Schwestern ernähren, und du hast keinen Job. Wie willst du Geld verdienen? Komm und arbeite mit uns. Am Ende des Tages werden wir das Geld teilen und du kannst Essen für deine Geschwister kaufen."

Wir alle wissen, welche „Arbeit" diese Taxifahrer für die jungen Frauen hatten, und sicher finden Sie das genauso abstoßend und entwürdigend wie ich. Trotzdem muss ich anmerken, dass es auch einen gewissen Respekt verdient, wenn eine junge Frau es einem reichen „John" erlaubt, mit seinen Fingern ihren nackten Körper zu betatschen, damit sie abends Essen für ihre Geschwister kaufen kann. Solch ein Opfer sollte man nicht vorschnell verdammen.

Ich erzähle diese Geschichte oft, wenn ich Menschen dazu bewegen möchte, eine Patenschaft für ein Kind zu übernehmen, vielleicht über World Vision oder Compassion International. Ich gebe mein Bestes, um deutlich zu machen, dass man mit 32 Dollar im Monat ein Kind in der Dritten Welt ernähren, kleiden, ausbilden und evangelisieren kann. Und vielleicht sogar ein Kind davor bewahren, sich durch Prostitution zu erniedrigen. Es mag nicht möglich sein, die ganze Welt zu verändern, aber es ist möglich, die Welt eines Kindes zu verändern.

18

Ein schockierendes Gebet

Ein mir bekannter Prediger war auf Missionsreise in Simbabwe. Er besuchte eine Klinik, die überlaufen war von Leuten, die an Aids litten. Im Wartezimmer, das ungefähr so groß war wie ein typisches Klassenzimmer, saßen rund einhundert Frauen zusammengepfercht auf Bänken.

Mein Freund, der Prediger, war wie betäubt durch die Todesstille der Frauen im Raum. Sie saßen da mit gesenkten Köpfen und geschlossenen Lidern, und viele von ihnen hielten weinende Kinder auf dem Schoß. Weil er nicht wusste, was er sonst tun sollte, setzte er sich neben eine Frau und fragte sie, ob er mit ihr beten dürfe. „Ja", antwortete sie. „Ich möchte Sie bitten zu beten, dass meine Kinder vor mir sterben."

Mein Freund war schockiert durch diese Bitte, aber er verstand, warum diese Mutter genau das gesagt hatte. Er hatte die Kinder gesehen, die durch die Aids-Epidemie zu Waisen geworden waren und die verlassen auf den Straßen herumlungerten, um dort zu sterben. Ihm war klar, dass diese Mutter für ihre kranken Kinder da sein wollte und dass sie für sie sorgen wollte in den letzten Stunden ihres Lebens hier auf Erden. Sie wollte diejenige sein, die ihre Hände hielt, die für sie betete und sie tröstete, wenn sie auf das große Unbekannte zugingen. Wie sie hatten auch ihre Kinder Aids und würden sicher sterben. Ihr Gebet war, dass sie lange genug leben würde, um ihre Kinder liebevoll umarmen zu können, wenn sie in die Ewigkeit hinübergingen.

Als er zwei Wochen später zur Klinik zurückkam, erzählte diese Mutter ihm, dass Gott sein Gebet erhört hatte. Ihre beiden Kinder waren gestorben und nun konnte sie selbst in Frieden sterben, weil sie wusste, sie würde sie nicht zurücklassen müssen als Straßenkinder, die betteln mussten, und die in ihren letzten Stunden alleine und voller Angst waren.

19

Die Rollos herunterlassen

Ich war in Port-au-Prince, Haiti. Ich war in dieses Land gereist, weil ich mir die Missionsarbeit ansehen wollte, die tagein tagaus von jungen Männern und Frauen, die an unseren Missionsprogrammen in diesem entsetzlich armen Land teilnehmen, geleistet wird. Meine Absicht war sicherzustellen, dass unsere Mitarbeiter emotional und geistlich überlebten. Am Ende eines langen Tages, an dem ich vollen Einsatz gebracht hatte, war ich müde und hatte genug von den vielen Leuten. So setzte ich mich mit einem Seufzer der Erleichterung in ein französisches Restaurant im Herzen von Port-au-Prince, um dort ein gutes Abendessen einzunehmen. Man gab mir einen Fensterplatz, damit ich das bunte Leben auf der Straße beobachten und genießen konnte.

Der Kellner brachte ein köstlich aussehendes Essen und stellte es vor mich hin. Ich griff zu Messer und Gabel und wollte mich gerade über das Essen hermachen, als ich zufällig nach rechts sah. Dort standen vier zerlumpte Bengel von der Straße, die ihre Nasen an die Scheibe drückten und auf mein Essen starrten. Es waren vier der Hungrigen, die als manchmal sogar verhungernde Jungs und Mädchen auf den Straßen der Stadt vegetieren. Es gibt Hunderte und Aberhunderte davon. Mit ihren Gesichtern direkt hinter der Scheibe starrten sie das Essen auf meinem Teller an.

Als der Kellner sah, wie ungemütlich die Lage für mich war, kam er schnell zu meinem Platz, ließ das Fensterrollo herunter und verbannte somit den störenden Anblick der hungrigen Kinder. Dann sagte er zu mir: „Lassen Sie sich nicht von ihnen stören. Genießen Sie einfach Ihr Essen." Als ob ich das gekonnt hätte!

Aber machen das nicht die meisten von uns? Haben wir nicht alle die Tendenz, „das Rollo herunterzulassen" und so den Blick abzuwenden von den 35.000 Kindern, die jeden Tag verhungern oder an Krankheiten sterben, die auf Mangelernährung zurückzuführen sind?

Wollen wir nicht alle weiter unser Essen genießen und so tun, als ob sie nicht da wären? Versuchen wir nicht alle, einfach „das Rollo herunterzulassen" und sie aus unserem Leben zu verbannen?

Im Neuen Testament erzählt Jesus die Geschichte vom reichen Mann und von Lazarus. Er beschreibt einen reichen Mann, der jeden Tag in Saus und Braus lebt, bekleidet mit feinsten Kleidern und in einem feinen Haus wohnend. Am Tor zu seinem Anwesen steht ein armer Mann namens Lazarus. Sein Körper ist übersät mit Geschwüren und er leidet an starkem Hunger. Er hätte so gerne die Überreste vom Essen des reichen Mannes, aber niemand gibt ihm auch nur einen Krümel.

Jesus erzählt die Geschichte und spricht davon, dass beide Männer sterben. Lazarus, der hungrige Bettler vor den Toren, kommt in den Himmel, der beschrieben wird als „Abrahams Schoß" (LUT). Der reiche Mann jedoch kommt an einen Ort, wo er von Flammen umzingelt wird.

Als ich diese Geschichte las, dachte ich bei mir: „Warum kam der reiche Mann denn in die Hölle? Hatte er Ehebruch begangen? Hatte er jemanden umgebracht? War er ein Betrüger, ein Dieb? Welche große Sünde hatte er begangen, dass er solch ein Schicksal verdiente?" Dann dämmerte es mir, dass er einfach große Mahlzeiten gegessen hatte und dabei gleichgültig einer Person gegenüber blieb, die verzweifelt Hilfe brauchte. Der reiche Mann hatte das gute Leben gelebt und nebenbei das Rollo heruntergelassen, damit er den armen Lazarus nicht ansehen musste, der voller Schmerzen dahinsiechte, direkt vor seinem Tor.

Lasst uns zu Gott rufen, er möge uns helfen, dass wir das Rollo hochziehen und die sehen können, denen wir mit Liebe und Opferbereitschaft dienen sollen.

20

Was du anderen Gutes tust, kommt irgendwann zu dir zurück

Meine Großmutter war eine Einwanderin aus Italien. Nicht lange nachdem sie sich in Philadelphia niedergelassen hatte, kam mein Großvater bei einem Unfall mit einer Straßenbahn ums Leben, und sie blieb alleine mit drei Kindern zurück, wovon meine Mutter das älteste war. In jenen Tagen gab es keinerlei finanzielle Unterstützung für arme Familien seitens der Regierung. Es war in den frühen Tagen des 20. Jahrhunderts und Familien wie die meiner Mutter waren auf sich selbst gestellt, sie waren verzweifelt und nagten am Hungertuch.

Meine Großmutter versuchte Hilfe zu beschaffen, aber nirgends schien es welche zu geben. Die katholische Kirche, die sie immer besucht hatte, war überflutet von armen Leuten, die alle um Hilfe bettelten, und die Möglichkeiten der Kirche waren begrenzt. Sie versuchte, ein Waisenhaus zu finden, das ihre Kinder (also meine Mutter und ihre beiden Brüder) aufnehmen könnte, aber die Voraussetzung für eine Aufnahme der Kinder war bei allen, dass beide Eltern gestorben sein müssten.

Eines Tages schrieb meine Großmutter in ihrer Verzweiflung eine Notiz und gab sie meiner Mutter. Sie wies meine Mutter an, eine Stunde zu warten und dann die Notiz einem Polizisten auf der Polizeistation zwei Straßen weiter auszuhändigen. In der Notiz stand, dass zum Zeitpunkt des Lesens meine Großmutter bereits Selbstmord begangen hätte. Ihre drei Kinder hätten dann weder Vater noch Mutter mehr und erfüllten deshalb die Kriterien für die Aufnahme im nahe gelegenen Waisenhaus.

Meine Mutter erzählte, wie sie und ihre beiden Brüder sich in dem kalten Raum im Keller, den sie als Zuhause bezeichneten, aneinanderschmiegten und sich fragten, was wohl passiert sei und warum. Meine Großmutter, die die Kinder zurückgelassen hatte, lief taumelnd zum nahegelegenen Fluss Delaware. Ich konnte nie herausfinden, ob sie wirklich vorhatte, Selbstmord zu begehen oder ob sie nur geplant hatte zu verschwinden, aber die gute Nachricht ist, beides war nicht nötig. Während die verwirrte Frau die Straße hinunterschwankte, führte sie ein lautes Selbstgespräch und zog dadurch die Aufmerksamkeit eines jungen Bibelschülers namens Everett Griffith auf sich. Er arbeitete für die Baptistenmission in Südphiladelphia und war begabt in Fremdsprachen. Er hatte italienisch gelernt, um der großen Bevölkerungsgruppe von italienischen Einwanderern dienen zu können, die sich in diesem Teil der Stadt niedergelassen hatten.

Dieser junge Bibelschüler ging auf meine Großmutter zu, stellte sich ihr in den Weg, sprach beruhigend auf sie ein und versuchte herauszufinden, warum sie so durcheinander war. Als er ihre Geschichte hörte, reagierte er schnell und sagte meiner Großmutter, sie brauche sich nichts anzutun. Er begleitete sie, um meine Mutter und ihre beiden Brüder abzuholen und nahm sie mit in seine Wohnung, wo sie vorübergehend bleiben durften, bis er für sie einen besseren Platz gefunden hatte. Für meine damals neunjährige Mutter fand er einen Job. Sie durfte für einige Juweliergeschäfte in der sogenannten Juwelierstraße von Philadelphia den Schmuck reinigen. Mit dem Geld, das meine Mutter verdiente, konnten sich meine Großmutter und ihre drei Kinder durchschlagen. Es ist nicht nötig zu erwähnen, dass es nicht lange dauerte, bis meine Großmutter und ihre Kinder zur Baptistenmission gehörten und regelmäßig am Gottesdienst teilnahmen, den der junge Mann leitete, der sie gerettet hatte und der bald zum Prediger ordiniert werden sollte.

Mein Vater und sein Bruder kamen aus Sizilien nach Amerika. Vorausgegangen war ein schreckliches Erdbeben, dem seine ganze Familie zum Opfer fiel, außer seinem Bruder und einer Schwester. Keiner von ihnen verfügte über finanzielle Mittel. Die Schwester ging in ein Kloster, weil sie dachte, dies sei die einzige Möglichkeit für sie, um zu überleben. Mein Vater und sein Bruder kratzten genug Geld zusammen, um nach Amerika zu gelangen. Weil ihnen klar war, dass dies das Land der Möglichkeiten war, suchten sie Hilfe und Hoffnung im neuen Land.

Nicht lange nachdem sie in Amerika angekommen waren, starb Vaters älterer Bruder und er blieb als ein Fünfzehnjähriger zurück, der sich alleine durchs Leben schlagen musste. Er konnte kein Wort Englisch und seine Zukunft sah finster aus. Der Erste Weltkrieg war ausgebrochen, aber die USA waren noch nicht daran beteiligt. Mein Vater beschloss, er könne überleben, wenn er es nach Kanada schaffen würde, dort ein falsches Alter vorgab und in die kanadische Armee einträte, denn dort würde er wenigstens genug zu essen haben. Das tat er dann auch, und als er gerade 16 Jahre alt war, wurde er an der westlichen Front eingesetzt, wo er beim ersten Angriff mit Senfgas verletzt wurde (welches damals im Krieg noch eingesetzt werden durfte). Er wurde nach Montreal zurückgebracht und gepflegt, bis er wieder gesund war. In der Zwischenzeit hatte seine Schwester das Kloster verlassen und bekam genug Geld zusammen, um nach Philadelphia zu reisen und dort nach ihren Brüdern zu schauen. Ihre Hoffnung war, dass sie einen gemeinsamen Haushalt gründen könnten. Als mein Vater das Krankenhaus verließ, kehrte er nach Philadelphia zurück, traf sich mit seiner Schwester, und versuchte Arbeit zu finden. Traurigerweise konnte man damals keinen Job in Philadelphia finden. Durch eine erstaunliche Reihe von Umständen ergab es sich jedoch, dass mein Vater denselben Bibelschüler traf, der die zentrale Rolle gespielt hatte in der Rettung der Familie meiner Mutter. Everett Griffith fand für meinen Vater einen Fensterputzer-Job am Benjamin Franklin Hotel im Stadtzentrum Philadelphias. Dadurch kam es zu einer Kehrtwende im Leben meines Vaters und seiner Schwester und beide hatten zum ersten Mal im Leben eine hoffnungsvolle Zukunft.

Es ist nicht nötig zu erwähnen, dass mein Vater recht bald Mitglied der kleinen Baptistenmission wurde, deren Pastor Everett Griffith war.

Nun machen wir einen großen Sprung zu der Zeit, als ich Student im letzten Semester war und Vorsitzender der Missionsgesellschaft an meiner Schule. Jedes Jahr an Ostern hatten wir eine sogenannte „Woche der geistlichen Vision", für die wir einen herausragenden Sprecher einluden, der die jungen Menschen herausfordern sollte, ihr Leben Christus hinzugeben. In einem bestimmten Jahr war der Sprecher ein Hebräisch-Dozent namens Dr. Everett Griffith. Weder er noch ich wussten etwas von der Beziehung, die wir zueinander hatten, aber als wir beide auf der Bühne des Hörsaals saßen und uns vor Beginn des Gottesdienstes ein wenig unterhielten, fragte Dr. Griffith nach meinem Namen. Als ich ihm sagte, ich hieße Tony Campolo, erklärte er mir, dass er als junger Mann, der in einer Baptistenmission im Süden Philadelphias diente, einen Tony Campolo kennengelernt hatte. Ohne zu zögern sagte ich: „Das war mein Vater." „Wenn das Ihr Vater war", sagte Dr. Griffith, „dann vollzog ich damals die Trauung von ihm und Mary Piccerelli. Ich habe Ihre Eltern getraut." Dann sah er mich an und fragte: „Was haben Sie mit Ihrem Leben vor?"

Als ich ihm erzählte, dass ich in den christlichen Dienst gehen wolle, begann er zu weinen, und er brauchte ziemlich lange, bis er sich wieder gefasst hatte. Der Gedanke, dass sein barmherziger Einsatz vor vielen Jahren nicht nur ein paar Leute gerettet hatte, die in schrecklicher Not waren, sondern auch noch dazu geführt hatte, dass ein junger Mann zum Verkündiger des Evangeliums wurde, löste in ihm mehr Freude aus, als ich Ihnen sagen kann.

Wann immer mich jemand fragt, warum ich die traditionelle Evangelisation so natürlich verknüpfe mit dem Auftrag, Menschen zu helfen, ist meine Antwort immer: „Nun, das ist eine lange Geschichte. Wenn Sie eines Tages Zeit haben, werde ich Ihnen mehr darüber erzählen." Nun kennen Sie diese Geschichte.

21

Das Bedürfnis nach Liebe

Der amerikanische Psychologe Rene Spitz führte an einem südamerikanischen Heim für Findelkinder eine Studie durch. In dem Heim lebten 97 Kinder im Alter zwischen drei Monaten und drei Jahren. Die Kinder bekamen genug zu essen und auch medizinisch wurde für sie gesorgt, aber da es zu wenig Krankenschwestern gab, wurde den Kindern nicht die liebevolle Zuwendung zuteil, die die meisten Babys normalerweise bekommen. Die Kinder waren die meiste Zeit sich selbst überlassen. Schon nach drei Monaten waren abnorme Verhaltensweisen zu beobachten. Sie verloren an Appetit, konnten nicht mehr schlafen und zeigten immer weniger Interesse am Leben. Nach fünf Monaten hatte sich der Zustand der Kinder zunehmend verschlechtert. Die meisten von ihnen hatten stark abgenommen. Emotional ausgehungert wimmerten und zitterten sie. Ihre Gesichter verzogen sich zu grotesken Grimassen. Siebenundzwanzig Kinder starben innerhalb ihres ersten Lebensjahres, sieben weitere, bevor sie zwei Jahre alt waren. Von denen, die überlebten, waren 21 so beeinträchtigt, dass sie zu hoffnungslosen Neurotikern wurden für den Rest ihres Lebens. Jeder braucht Liebe, und wir Christen sind dazu berufen, diese weiterzugeben.

22

Ein Prophet mit weichem Herz

William Sloan Coffin, ehemaliger Kaplan der Universität Yale und Pastor der großen Riverside-Kirche in New York City, war ein starker Kriegsgegner. Als er eines Sonntags eine glühende Predigt gegen das Kriegführen hielt, konnte ein Oberst der Armee kaum noch an sich halten.

Nach dem Gottesdienst ging der Oberst im hinteren Teil der Kirche, wo die Leute begrüßt wurden, angriffslustig auf Coffin zu. Mit zornigem Unterton sagte er zu ihm: „Ich konnte mich gerade noch auf meinem Sitz halten. Eigentlich wollte ich aufstehen, den Mittelgang entlangmarschieren, mich auf halbem Weg Richtung Rückseite der Kirche umdrehen und aus voller Kehle schreien: „So ein Sch**ß!"

„Warum haben Sie es nicht gemacht?", fragte sein Pastor.

„Weil Sie in der Nacht, als meine Frau starb, die ganze Nacht aufblieben, an ihrem Bett saßen, ihre Hand hielten und mit ihr beteten", lautete die Antwort.

Ein Geistlicher kann für seine Gemeinde nur dann auch Prophet sein, wenn er sich zuvor das Recht verdient hat, von ihnen angehört zu werden – indem er ihnen herzliche Liebe entgegenbringt.

23

Wohltätigkeit und Gerechtigkeit

Vor einigen Jahren war Bono, der berühmte Rockstar, der groß angekündigte Sprecher beim Nationalen Gebetsfrühstück in Washington, DC. Anwesend waren Präsident George W. Bush, die meisten Mitglieder seines Kabinetts, ein Aufgebot an Senatoren und Mitgliedern des Kongresses, zusammen mit verschiedenen Botschaftern und einigen Staatsoberhäuptern. Die Zuhörerschaft, mehr als 2500 Leute, bestand hauptsächlich aus Kirchenleitern. Als Bono für seine Ansprache aufstand, lobte er die Kirchenleiter zunächst für ihre wohltätigen Werke. Er zeigte auf, dass es in Afrika und anderen notleidenden Ländern die Kirchenleute waren, die vor Ort waren und denen dienten, die litten. Sie brachten außerdem gewaltige Mengen an Geld- und Hilfsmitteln mit, um den Nöten der Armen und Unterdrückten zu begegnen. Dann wandte er sich an den Präsidenten und sprach weiter: „Aber ich bin heute nicht gekommen, um über Wohltätigkeit zu sprechen; ich bin gekommen, um über Gerechtigkeit zu reden."

Bono fuhr fort, es sei unbedingt nötig, dass die US-Regierung Gerechtigkeit ausübe gegenüber den Armen Afrikas und gegenüber den Armen im Rest der Welt. Er zitierte die Tatsache, dass weniger als 0,4% des Bundeshaushalts dazu bestimmt seien, den Armen in der Welt zu helfen, und sprach sich dafür aus, diesen Betrag auf 0,8% zu verdoppeln. Weiterhin machte der Rockstar klar, dass dieser Schritt nur der zu Recht geforderte Anfang sein könne – für ein Land, das lediglich 6 % der Weltbevölkerung ausmacht, aber 43 % der wirtschaftlichen Reichtümer der Welt verbraucht.

Ganz sicher schuldet Amerika den Bedürftigen der Welt mehr.

„Wem viel gegeben wurde, von dem wird auch viel verlangt werden." Lukas 12,48.

Teil 5

Mit Hoffnung leben

Teil 5

MIT HOFFNUNG LEBEN

Denn wir sind auf Hoffnung gerettet. Die Hoffnung aber, die man sieht, ist keine Hoffnung. Auf das, was man sieht, braucht man nicht mehr hoffen. Wir hoffen auf etwas, das wir noch nicht sehen, und das tun wir mit Geduld.

Römer 8,24-25

In Hebräer 11,1 wird uns gesagt, dass der Glaube die Substanz der Dinge ist, auf die wir hoffen und der Beweis für die Dinge, die wir nicht sehen können. Wir Christen sind Menschen, die mit Hoffnung erfüllt sind. Wir sind Menschen, die selbst wenn die Fakten gegen uns sprechen, daran glauben, dass das Gute, für das wir beten, wahr wird. Wir haben Hoffnung für verlorene Seelen. Wir haben Hoffnung auf Heilung. Wir haben die Hoffnung, dass in der Welt, in der wir alle leben, vieles gut werden kann. Darüber hinaus sind unsere Hoffnungen nicht darauf beschränkt, was in dieser sichtbaren Welt passiert. Unsere Hoffnungen haben ewige Dimensionen.

1

Der König hat noch einen Zug

Ich habe mich sehr bemüht, eine Bestätigung für diese Geschichte zu bekommen, denn ich habe gehört, dass die Person, die beschrieben wird, niemand anders war als der ehemalige Schachweltmeister Bobby Fischer. In der Geschichte sahen sich der Schachmeister und sein Freund den Ingmar Bergman Film *Das siebente Siegel* im Kino an. Die Geschichte dieses Klassikers handelt von einem königlichen Ritter, der in ein Schachspiel mit dem Bösen, dem Tod, vertieft ist. Durch den Film hindurch machen beide immer wieder ihre Züge. Dann, als der Film seinen Höhepunkt erreicht, macht der Prinz der Dunkelheit einen Zug und sagt mit großer Dramatik: „Schach!" Mit diesem Satz fällt der Vorhang und der Film ist vorbei.

Laut der Geschichte sah der Schachmeister seinen Freund an und sagte verwundert: „Warum hat er aufgegeben? Der König hat noch einen Zug! Der König hat noch einen großartigen Zug übrig, der das Spiel noch gänzlich umdrehen kann und den Spieler das Spiel gewinnen lässt."

Nun, das ist eine Predigt!

Für die Mutter, die sich sorgt, weil ihr Sohn den Drogen verfallen ist, ist dieser Satz voller Hoffnung: „Der König hat noch einen Zug."

Für den Vater, dessen Tochter von einer sexuell freizügigen Punkrocksubkultur angezogen wird, steckt dieser Satz voller Hoffnung: „Der König hat noch einen Zug."

Für diejenigen, die denken, dass die Zukunft unseres Planeten nur desaströs sein kann, klingen die Worte triumphal: „Der König hat noch einen Zug."

Und für den Pastor, dessen Kirche von Spannungen und religiösen Konflikten zerrissen ist, lautet die gute Nachricht: „Der König hat noch einen Zug."

2

Irgendwer für Golgatha?

Ein Geschäftsmann fuhr jeden Tag von seinem Haus in einer Chicagoer Vorstadt zur Arbeit. Jeden Tag auf dem Heimweg kam ein Schaffner und rief: „Nächster Halt Calvary, irgendwer für Calvary?!" Calvary *) war eine Kleinstadt, die bereits vor langer Zeit ihren Niedergang erlebt hatte. Es schien, als würde niemand dort leben. Während er aus dem Fenster sah, erblickte der Geschäftsmann die heruntergekommenen Häuser und die verdreckten Straßen. Niemand stieg je in Calvary aus.

Dann eines Tages, als der Schaffner wieder fragte, ob jemand in Calvary aussteigen wollte, erhob sich ein Mann und nahm seine Sachen, um hier auszusteigen. Der Geschäftsmann war überrascht. Er konnte sich nicht vorstellen, dass jemand hier lebte, in dieser Stadt, die seit Jahren wie verlassen aussah. Der Fahrgast stieg aus und ging an den ramponierten und zerfallenen Häusern vorbei. Während der Geschäftsmann aus dem Fenster sah, erblickte er auf einmal ein Haus, das weiter hinten auf einem Hügel stand und dessen Veranda beleuchtet war. Und dort auf der Veranda standen drei kleine Mädchen und warteten auf ihren Vater, der nach Hause kam. Der Geschäftsmann merkte, dass er sich geirrt hatte. Es gab eine andere Seite von Calvary! Er hatte immer in die falsche Richtung gesehen. Er hatte nur den Dreck, die Dunkelheit und den Verfall der Stadt gesehen. Er hatte nie die andere Seite gesehen, da wo Leben und Vitalität waren, und wo es Familien gab, die aufeinander warteten.

So viele Menschen sind nur mit der dunklen Todesseite von Golgatha vertraut. Sie sind erfüllt von Dunkelheit und Verzweiflung und heben nicht ihre Blicke, um das Licht und die Liebe zu sehen, die von diesem Platz ausgehen.

*) *Anmerkung des Übersetzers: Calvary ist der englische Begriff für Golgatha.*

3

Die Väter der verlorenen Kinder

Ein englischer Freund von mir plante die Gründung einer christlichen Jugendarbeit in der Klubszene von Newcastle. Er beschloss, zuerst die vier Klubs zu besuchen, die in der Nähe des Bahnhofs angesiedelt waren. In jedem der Nachtclubs fand er hämmernde Musik, blitzende Strobolichter und ekstatische Körper, die sich zur Musik bewegten. Der vierte Nachtclub schien auch nur eine Kopie der anderen drei zu sein, abgesehen von einer Sache. Etwas abseits in einer Ecke saß ein Mann, um die vierzig, mit einem Tweed-Jackett und einer Krawatte. Wenn es eine Person gab, die in diesem Club vollkommen deplatziert wirkte, dann dieser Mann. Mein Freund ging zu ihm und fragte mit Erstaunen: „Was in der Welt haben Sie hier zu suchen?"

Der Mann antwortete: „Vor zwei Monaten hatte ich einen Streit mit meiner Tochter. Sie hatte angefangen mit Drogen zu experimentieren und hatte sich in eine dieser jungen Frauen verwandelt, die der Grufti-Szene angehören. Sie trug zumeist schwarze Kleidung, benutzte violetten Lippenstift und hatte sich ihre Haare schwarz gefärbt. Sie nahm Drogen und es war offensichtlich, nachdem sie oft nächtelang wegblieb, dass sie mit mehreren Männern zusammen war. Wir haben oft gestritten und dann, vor einigen Wochen, lief sie aus dem Haus, schlug die Tür zu und schrie, dass sie niemals zurückkommen werde. Ich weiß, dass sie sich an Plätzen wie diesen hier aufhält. Deshalb komme ich jeden Freitag und Samstag in diesen Teil von Newcastle und setze mich in einen der Nachtclubs, in der Hoffnung, dass ich sie wiedersehen werde. Ich möchte sie in den Arm nehmen und ihr sagen, dass ich sie liebe und dass, wann immer sie nach Hause kommen möchte, sie herzlich willkommen ist, denn ich vermisse sie so sehr."

Die Väter der verlorenen Kinder lebten nicht nur vor zweitausend Jahren. Es gibt noch viele von ihnen heute unter uns.

4
Gläubige Mütter verlieren nie die Hoffnung

Ich habe einen Freund, der Alkoholiker ist. Jeden Sonntag geht seine Mutter zur Messe und betet dafür, dass er seine schwierige Krankheit unter Kontrolle bekommt. Eines Nachts zog mein Freund mit seinem Kumpel von Bar zu Bar, bis ungefähr drei Uhr morgens. Beide waren sehr betrunken. Es war eine regnerische Nacht und so kalt, dass sich der Regen, sobald er auf den Gehweg traf, zu Eis verwandelte. Die beiden Männer rutschten und glitten die Straßen entlang, bis sie zu dem Hügel kamen, von dem es steil hinab zu dem Haus meines Freundes ging. Sowohl der Gehsteig als auch die Straße lagen bereits unter einer dicken Schicht Eis. Als die beiden Männer versuchten, den Hügel hinabzukommen, sagte der Kumpel zu meinem Freund: „Deine Mutter wird hier wohl heute kaum hochkommen. Heute wird einer dieser seltenen Tage sein, an dem sie nicht zur Kirche geht, um für dich zu beten."

„Das ist wohl wahr", stimmte mein Freund zu, amüsiert von der bloßen Vorstellung. Aber als sie dann den Hügel hinabsahen, sahen sie zu ihrer großen Überraschung die Mutter meines Freundes, die auf Händen und Füssen den vereisten Bürgersteig hinaufgekrochen kam.

So ist die Liebe einer Mutter. Besonders einer Mutter, die glaubt, dass Gott Gebete beantwortet. Gläubige Mütter verlieren nie die Hoffnung.

5
Die Gebete der Gläubigen

Vor ein paar Jahren war ich als Redner in der Kapelle der John Brown Universität in Arkansas eingeladen. Ich hatte dort bereits zweimal gepredigt und freute mich über immer über die freundliche Aufnahme und die guten Reaktionen der anwesenden Studenten. Als ich an diesem Tag in der gefüllten Kapelle sprach, bemerkte ich ein Paar mittleren Alters, das in der ersten Reihe saß und konzentriert zuhörte. Sie waren offensichtlich keine Studenten, sie schienen auch nicht zum Lehrpersonal zu gehören. Die beiden hingen mir an den Lippen.

Nachdem der Gottesdienst vorbei war, kamen die beiden zu mir und erzählten mir, wer sie waren und warum sie zu meiner Predigt gekommen waren. Ihre Tochter, die an der John Brown Universität studiert hatte, war sehr schwierig. Sie rebellierte gegen alles, was ihre Eltern glaubten und was sie versuchten, ihr beizubringen. Sie war Teil der Grufti-Kultur geworden, hatte sich einen Irokesen-Schnitt gemacht, trug nur schwarz und hörte depressiv, aggressive Musik, die für die Eltern ans Dämonische grenzte. Zudem war ihr Verhalten gegenüber ihren Eltern abscheulich. Selten, wenn überhaupt, sagte sie etwas Nettes zu ihnen. Sie spottete über ihr Christsein und machte sich über ihren christlichen Lebensstil lustig. Wie sie überhaupt an diese christliche Universität gelangt war, konnten sie sich nicht erklären.

Die Eltern erzählten mir, dass ihre Tochter, weil es von allen Studenten verlangt wurde, bei meiner letzten Predigt in dieser Kapelle anwesend war. An diesem Tag war meine Predigt von einer klaren evangelistischen Botschaft geprägt. Als ich die Einladung, Jesus als Erlöser zu akzeptieren, aussprach, traf sie eine Entscheidung. Nach dem Gottesdienst ging sie zurück ins Studentenheim und schrieb einen sehr liebevollen Brief an ihre Eltern, in dem sie um Vergebung für all die Verletzungen bat, die sie ihnen zugefügt hatte. Sie versprach, da sie Jesus als ihren Erlöser angenommen habe, würden sich die Dinge ändern. Sie sagte ihren Eltern, dass sie am nächsten Wochenende nach Hause kommen würde, sodass sie alle persönlich zusammen sein könnten, um sich auszusprechen. Es war ein gutgeschriebener und schöner Brief und sie warf ihn noch am selben Tag in die Post.

Am nächsten Tag wollte sie eine Landstraße überqueren, wurde dabei von einem LKW erfasst und kam ums Leben. Die verzweifelten Eltern begruben ihre Tochter, überzeugt davon, dass ihre Gebete für die Errettung ihrer Tochter vergeblich gewesen waren. Dann, zwei Tage nach der Beerdigung, erreichte sie der Brief ihrer Tochter. Er konnte den unermesslichen Schmerz, den die Eltern empfanden, nicht wegnehmen, aber er schenkte ihnen dennoch Freude, denn nun wussten sie, dass ihre Gebete doch erhört worden waren.

Es war Yogi Betra, der ehemalige Trainer der New York-Yankees und Gelegenheitsphilosoph, der sagte: „Es ist nicht vorbei, bis es vorbei ist."

Dem möchte ich nur hinzufügen, dass die Gebete der treuen Christen auch dann viel ausrichten, wenn es vorbei scheint.

6

Gott kann mich neu erschaffen

Meine Frau und ich haben entschieden, dass wir unsere Körper nach unserem Tod der Wissenschaft zur Verfügung stellen möchten. Zuerst sollen uns die Nieren und Netzhäute entnommen werden und den Menschen gegeben werden, die sie brauchen. Dann sollen unsere restlichen Körper einer medizinischen Fakultät übergeben werden. Wir glauben, dass Studenten Leichen benötigen, um effektiv forschen und studieren zu können. Eines Tages fragte ich deshalb meine Frau, ob sie sich bereits Gedanken gemacht hätte, was mit dem Rest dann passieren sollte. Ich fragte sie: „Peggy, möchtest du eine Erd- oder Feuerbestattung?"

Mit einem Lächeln sagte meine Frau zu mir: „Überrascht mich!"

Ihre Reaktion war so ziemlich das Gegenteil von der Reaktion meiner Mutter, als sie erfuhr, was wir nach unserem Tod mit unseren Körpern vorhatten. Ich höre sie noch immer sagen: „Aber Tony, am Tag des Jüngsten Gerichts werden Teile deines Körpers an verschiedenen Menschen sein. Was passiert dann bei der Auferstehung, wenn die Teile deines Körpers überall verteilt sind?"

Hier fand ich ein wenig Humor angebracht und sagte: „Mutter, Gott ist Gott, und er sollte in der Lage sein, mich wieder zusammenzusetzen. Schließlich war es Gott, der mich überhaupt erst erschaffen hat!"

7

Er singt in einer anderen Welt

Ein prominenter englischer Redner erzählt diese Geschichte, die zurück in seine Kindheit führt. Als er sechs Jahre alt war, erklärte ihm seine Mutter, dass er auf dem Telefon „0" für Operator (Auskunft) wählen solle, wenn er einmal Hilfe bräuchte. Dann, wenn die Auskunft abnahm, sollte er nach „Information" fragen. Eines Tages, als seine Mutter gerade unterwegs war, schien es dem Jungen, als sei sein Kanarienvogel erkrankt. Dieser wollte nicht mehr singen. Er erinnerte sich an das, was seine Mutter ihm gesagt hatte und wählte „0", um mit der Auskunft zu sprechen. Die Telefonistin, die tatsächlich einiges über Kanarienvögel wusste, konnte ihm helfen und schon wenig später sang sein Kanarienvogel wieder.

Danach rief der Junge, wann immer er allein war und eine Frage hatte, die Telefonauskunft an. Da er in einer Kleinstadt lebte, sprach er immer mit derselben Telefonistin. Eines Tages starb sein Kanarienvogel und der Junge rief erneut die Telefonistin an, die mittlerweile zu seiner Freundin geworden war. Er fragte sie, ob er irgendetwas tun könne, um seinen Kanarienvogel wieder zum Leben zu erwecken. Die Telefonistin war sehr einfühlsam und sagte ihm: „Vergiss nie – es gibt andere Welten, in denen man auch singen kann."

Jahre später kehrte der Junge, der nun ein junger Mann war, nach dem Studium in seinen Heimatort zurück. Er erinnerte sich an die nette Telefonistin und entschied sich, noch einmal anzurufen. Eine jüngere Dame antwortete und er erklärte ihr, wer er sei. Er erzählte ihr, wie hilfsbereit ihre Vorgängerin gewesen war, wann immer er mit einer Frage anrief. Die Frau antwortete: „Mrs. Jones, meine Vorgängerin, sagte mir schon, dass du vielleicht eines Tages wieder anrufen würdest. Sie war sehr krank gewesen und ist am Ende gestorben. Aber sie ließ mich wissen, dass, wann immer du anrufst, ich dich erinnern möge, dass es andere Welten gäbe, in denen man auch singen könne. Dies gelte für deinen Kanarienvogel, aber genauso auch für sie."

8
Jesus ist gnädiger

Meine Frau liebt es, einen Aphorismus über den Himmel zu erzählen. In Peggys Geschichte ist Petrus der Wächter am Himmelstor, der fein säuberlich aufpasst, wer in den Himmel kommt. Der Apostel Paulus ist der „Volkszähler", der zählen soll, wie viele Menschen im Himmel sind.

Doch Petrus und Paulus haben ein Problem. Jedes Mal, wenn Paulus seine Zahlen überprüft, stimmen diese nicht mit denen von Petrus überein. Immer sind mehr Menschen im Himmel, als Petrus durch das Tor gelassen hat. Die beiden haben keine Ahnung, wie es zu diesen Diskrepanzen kommen kann.

Dann kommt eines Tages Paulus an das Himmelstor gelaufen und ruft: „Petrus, es ist nicht unser Fehler! Ich weiß jetzt, woran es liegt! Ich weiß, warum es mehr Menschen im Himmel gibt, als du durch das Tor lässt! Es ist Jesus! Er hilft Menschen, heimlich über die Mauer zu kommen!"

Das ist die gute Nachricht des Evangeliums. Jesus wird vielen Menschen in den Himmel verhelfen, denen die Kirche, die von Petrus repräsentiert wird, den Zugang verwehren würde. Jesus ist gnädiger als die Aufseher am Himmelstor und manche unserer Kirchenführer.

9

Wissen, wohin man geht

Einmal saß der große Albert Einstein in einem Zug, der gerade den Bahnhof von Princeton, New Jersey, in Richtung Norden verließ. Als der Schaffner zu ihm kam, konnte Albert Einstein seine Fahrkarte nicht finden. Er suchte in all seinen Taschen, sah in seine Brieftasche und war nach einer Weile sehr verwirrt. Der Schaffner versuchte ihn zu beruhigen, indem er sagte: „Herr Einstein, machen Sie sich keine Sorgen wegen der Fahrkarte. Ich weiß, wer Sie sind und Sie müssen mir Ihre Fahrkarte nicht zeigen. Ich glaube Ihnen, dass Sie eine Fahrkarte gekauft haben."

Ungefähr zwanzig Minuten später kam der Schaffner den Gang zurückgelaufen und sah, dass Einstein immer noch wild nach der Fahrkarte suchte. Noch einmal beugte sich der Schaffner zu Einstein und sagte: „Bitte, Herr Dr. Einstein, sorgen Sie sich nicht um die Fahrkarte, ich weiß, wer Sie sind!" Daraufhin erhob sich Einstein und sagte in barschem Ton: „Junger Mann, ich weiß auch, wer ich bin, aber ich versuche meine Fahrkarte zu finden, weil ich herausfinden möchte, wohin ich fahre."

Es ist wichtig, dass du weißt, wer du bist. Dein Wert ist in der Beziehung zu Gott gesichert und du wirst von ihm so geliebt, dass, auch wenn du der einzige Mensch auf der Welt wärest, er seinen einzigen Sohn gesendet hätte, um für dich zu sterben. Darüber hinaus ist es wichtig zu wissen, wohin du gehst. Nicht nur in dieser Welt, sondern auch dann, wenn das Leben vorbei ist.

10

Ein trauriges Urteil

Robert Ingersoll war ein prominenter Sprecher im Chautauqua-Kreis *), der viele Vorträge darüber hielt, warum er Atheist ist. Als er starb, kamen Hunderte zu seinem Begräbnis. Unter ihnen befand sich auch sein Butler, von dem gesagt wurde, dass er auf den Leichnam des großen Atheisten blickte und sagte: „Armer Bob, so schön angezogen, um nirgendwo hinzugehen."

*) *Anmerkung des Übersetzers: Bewegung der Erwachsenenbildung Anfang des 20. Jahrhunderts in den USA*

11

Philosophen sind Könige

William Temple, ein frühreifer Schuljunge, der einmal ein großer britischer Theologe und einer der prominentesten Bischöfe der anglikanischen Kirche werden sollte, fragte seinen Vater: „Warum wird die Welt nicht von Philosophen regiert? Wäre es nicht gut, wenn sie es täten?"

Sein Vater antwortete nachdrücklich: „Das tun sie doch – und zwar fünfhundert Jahre, nachdem sie gestorben sind."

Warum müssen große Philosophen erst sterben, bevor sie beachtet werden?

Meine konservativen Freunde aus fundamentalistischen Kreisen behaupten oft, dass sie immer schon für die Bürgerrechtsbewegung *) gewesen seien, aber Tatsache ist, dass sie Martin Luther King Jr. zu dessen Lebzeiten mit Schimpfwörtern bedacht haben. Jesus hat seine Jünger daran erinnert, dass die Menschen die Propheten zu Tode gesteinigt haben. Oft ist es so, dass erst wenn die Propheten gestorben sind, die Bedeutung ihrer Aussagen erkannt werden. Aber am Ende triumphiert die Wahrheit. Wir Christen leben mit dieser Hoffnung.

*) *Anmerkung des Übersetzers: Kampf für die Gleichstellung der Afroamerikaner in den USA*

Teil 6

Das Gebet im Geist

Teil 6

DAS GEBET IM GEIST

„Desgleichen hilft auch der Geist unsrer Schwachheit auf. Denn wir wissen nicht, was wir beten sollen, wie sich's gebührt; sondern der Geist selbst vertritt uns mit unaussprechlichem Seufzen. Der aber die Herzen erforscht, der weiß, worauf der Sinn des Geistes gerichtet ist; denn er vertritt die Heiligen, wie es Gott gefällt."

RÖMER 8,26-27 (LUT)

Es gibt diese besondere Art des Gebets, bei der wir den Heiligen Geist die Kontrolle übernehmen lassen über das, was wir beten. Nur während dieser Art des Gebets überwinden wir die oftmals selbstsüchtigen Begierden unseres Herzens. Wenn wir dem Geist Gottes erlauben, unsere Gebete zu lenken, dann werden jene Gebete zum Thron der Gnade auffliegen. Gebete, welche wir in unserer Begrenztheit niemals in Worte fassen könnten, werden ausgesprochen, wenn der Geist durch uns betet. Durch diese Gebete werden mehr Dinge bewegt, als diese Welt sich jemals ausmalen könnte.

1

Gott hört zu

Eines Tages wurde Mutter Theresa gefragt: „Wenn Sie beten, was sagen Sie zu Gott?"

Sie antwortete: „Ich sage gar nichts. Ich höre zu!"

Darauf wollte der Fragende wissen: „Und was sagt Gott zu Ihnen?"

Mutter Theresa antwortete: „Gott sagt gar nichts. Gott hört zu." Dann fügte sie hinzu: „Wenn Sie das nicht verstehen – ich kann es Ihnen auch nicht erklären."

Es gibt im Gebet Momente, da wird nichts gesagt und nichts gehört. Da ist dann nichts als nur jenes Ächzen und Stöhnen aus den Tiefen unseres Seins, das nicht formuliert werden kann.

2

Herausforderung durch einen Taoisten

Als ich kurz vor Abschluss meines Studiums stand, hatte ich einen chinesischen Professor, der Taoist war und an keinen Gott glaubte. Eines Tages, während einer Vorlesung, sagte er zu mir: „Ihr Christen, ihr betet alle auf die falsche Weise. Ihr betet: ‚Und sollte ich sterben, bevor ich erwache', aber ihr solltet eigentlich beten: ‚Und sollte ich erwachen, bevor ich sterbe'." *)

Diese Äußerung in ihrer Klarheit und Bedeutsamkeit begleitet mich seit vielen Jahren. In diesen Jahren habe ich so viele Menschen getroffen, die halb schliefen, während sie doch eigentlich wach sein sollten.

In Christus werden jene, die tot waren, zu neuem Leben erweckt.

*) *Anmerkung des Übersetzers: Das Gebet, auf das sich bezogen wird, ist ein sehr bekanntes amerikanisches Nachtgebet für Kinder. Es lautet:*

Now I lay me down to sleep
I pray the Lord my soul to keep
If I shall die before I wake
I pray the Lord my soul to take

Das Gebet hat keine Entsprechung im Deutschen. Sinngemäß wäre diese Übersetzung:

Nun leg ich mich zur Ruhe hin
Und bete, der Herr möge meine Seele bewachen
Und sollte ich sterben, bevor ich erwache
Dann möge der Herr meine Seele zu sich nehmen

3

Gebete zum Weihnachtsmann

Manchmal beten wir, als wäre Gott eine Art überirdischer Weihnachtsmann, der verspricht, die Dinge zu bringen, die wir uns wünschen, solange wir nur artig bleiben und auf die rechte Weise beten.

Das wurde mir an jenem Abend besonders klar vor Augen geführt, als mein sechsjähriger Sohn kurz vor seiner Schlafenszeit ins Wohnzimmer gelaufen kam und verkündete: „Ich gehe jetzt ins Bett. Davor werde ich beten. Hat noch jemand einen Wunsch?"

Ich bin davon überzeugt, dass das Verständnis von Gebet vieler erwachsener Menschen nicht über das Verständnis meines jungen Sohnes hinausgeht. Auch wenn wir vielleicht andere, eher erwachsene Worte verwenden, um uns auszudrücken.

4
Menschen zum Gottesdienst beten

Zu der Zeit, als ich Leiter der soziologischen Fakultät an der Eastern University in New York war, lud ich die Studenten der höheren Fachsemester gern ein, mit mir ein Wochenende in der Stadt zu verbringen. Ich zeigte ihnen verschiedene Orte und half ihnen dabei, die Dynamik von New York aus einer soziologischen Sicht heraus zu erkennen und zu verstehen.

In einer Kirche in Brooklyn, in der Nähe des East Rivers, gleich gegenüber von Manhattan, durften wir in den Nächten von Samstag auf Sonntag immer übernachten. Wir brachten Decken und Schlafsäcke mit und schliefen einfach im Kellerraum auf dem Fußboden. Am Sonntagmorgen durften wir in der Kirchenküche unser Frühstück zubereiten und anschließend blieben wir, aus Höflichkeit dem Pastor gegenüber und aus Dankbarkeit für die Gastfreundschaft, zum Sonntagsgottesdienst. Dieser jedoch war alles andere als inspirierend. Der Chor sang falsch und die Predigten waren langweilig, doch wir waren stets höflich und blieben bis zum Schluss.

Ich besuchte diese Kirche über viele Jahre hinweg auf diese Weise und bemerkte, dass die Gemeinde stetig wuchs. Trotz der schlechten Musik und der ermüdenden Predigten kamen immer mehr und mehr Menschen in die Gottesdienste. Ich wies auch meine Studenten darauf hin und fragte sie, ob sie sich vorstellen könnten, wieso das so sei. Eines Tages beobachtete ich zu meiner Freude, dass einer meiner Studenten nach der Sonntagspredigt zum Pastor ging und ihn fragte, was sein Geheimnis wäre und wieso immer mehr Menschen in seine Kirche kämen. Der Pastor antwortete: „Nun, dies hier ist Brooklyn. Überall im Umkreis der Kirche stehen diese hohen Wohnblocks. Dort kann man nicht einfach hineinspazieren und an die Türen klopfen. Die meisten Gebäude haben einen Wachdienst und der erlaubt so etwas nicht. Ich kann also die Menschen in ihren Wohnungen nicht besuchen. Daher tue ich etwas anderes und das scheint tatsächlich zu wirken. Jeden Morgen gegen zehn Uhr nehme ich einen Klappstuhl und setze mich vor einen dieser Wohnblocks hin und dann bete ich sehr intensiv für die Familien, die dort leben. Wenn ich kann, dann schaue ich mir die Klingelschilder an, um ihre Namen zu erfahren. Dann bete ich für sie, einer nach dem anderen. Für alle Menschen und Familien. So mache ich es vor jedem Wohnblock, täglich für eineinhalb Stunden, eine ganze Woche lang. Ich weiß, Sie werden mir das vielleicht nicht glauben, aber am darauffolgenden Sonntag kommen immer eine oder zwei Familien aus dem betreffenden Block in meinen Gottesdienst. Wenn ich diese Menschen dann frage, was sie dazu brachte, in diese Kirche zu kommen, dann haben sie meist keine wirkliche Antwort für mich. Oft sagen sie etwas wie: ‚Ich weiß nicht, ich hatte da so ein Gefühl, als würde der Gottesdienst mir gut tun. Ich bin schon so oft auf meinem Heimweg von der Arbeit hier vorbeigekommen und immer habe ich mir vorgenommen, einmal zum Sonntagsgottesdienst zu gehen, aber dann habe ich es doch nie getan. Und dann, letzte Woche, da war da etwas, das sagte mir, ich solle die Sache nicht länger vor mir herschieben, sondern endlich hierher kommen, um Gott zu preisen, und deswegen bin ich hier.'"

Meine Studenten waren beeindruckt und sie begannen zu ahnen, was für eine ungeheure Macht in einem Gebet stecken kann. Als wir nach einem Gottesdienst mit den Gemeindemitgliedern vor der Kirche zusammenstanden, da lernte einer meiner Studenten eine Dame aus Puerto Rico und ihre zwei Söhne kennen und wollte sich ein wenig mit ihnen unterhalten. Die Frau sprach sehr schlecht Englisch und mein Student fragte sie, wieso sie denn in diese Kirche kam, um den Gottesdienst in einer Sprache zu hören, die nicht ihre Muttersprache war.

Die Frau erklärte: „Drei Monate ist es jetzt her, da wurde mein älterer Sohn von der Polizei verhaftet und in ein Gefängnis auf Ryker's Island gebracht. Er rief zu Hause an und sagte uns, er hätte keine Ahnung, wieso man ihn verhaftet hätte und was jetzt mit ihm geschehen würde. Er hatte große Angst und weinte. Ich wusste nicht, was ich tun sollte und da erzählte einer meiner Freunde mir von dem Pastor dieser Kirche und davon, dass er immer wieder Menschen in Not half. Also kam ich hierher ins Kirchenbüro und erzählte ihm, was passiert war. Er ließ sofort alles stehen und liegen und ging mit mir zum Gefängnis. Dort fragte er, ob wir meinen Sohn besuchen könnten. Der Mann hinter dem Tresen erklärte uns, dass der Beamte, der für die Bewilligung von Besuchen zuständig sei, an diesem Vormittag nicht da sei. Vor Ablauf von vier Stunden käme er nicht zurück. Der Pastor sagte dem Mann am Tresen, dass wir warten würden. Vier ganze Stunden saß er mit mir dort, hielt meine Hand, tröstete mich und betete mit mir für meinen Sohn. Am späten Nachmittag dann hatte er erreicht, dass mein Sohn freigelassen wurde und ich ihn mit nach Hause nehmen durfte. Am Sonntag darauf zogen wir alle unsere feinsten Sachen an und kamen hierher in die Kirche. Jeden Sonntag kommen wir seitdem hierher. Dies ist der einzige Weg, wie wir dem Pastor zeigen können, wie dankbar wir ihm sind."

Manchmal können es sich selbst die Experten nicht erklären, wieso eine Gemeinde wächst und wächst. Manchmal sind es einfach die Gebete, ist es die Fürsorge für andere, ist es das Kümmern und das Tun dessen, was die Liebe verlangt, was die Menschen in die Kirche lockt.

5

Das Gebet ist etwas Persönliches

Als ich ein Student im höheren Fachsemester war, war ich Pastor in zwei kleinen Baptistenkirchen in New Jersey. Nicht nur, dass mir dies die Möglichkeit gab, das Werk des Herrn gemeinsam mit diesen Christenmenschen zu tun, sondern mein Gehalt half meiner Frau und mir dabei, uns ein kleines, bescheidenes Leben in den ersten Jahren unserer Ehe aufzubauen. Mir gefiel es sehr, Pastor zu sein. Nur eines fiel mir nie leicht und das war das öffentliche Gebet. In der Baptistenkirche ist es ein ungeschriebenes Gesetz, dass derjenige, der die Predigt spricht, seine Gebete niemals abliest. Man könnte sagen, dass die Meinung herrschte, er wäre „nicht vom Geist erfüllt", wenn er die Texte abliest. Ich war mir ganz sicher, wenn ich das jemals versucht hätte, dann hätte bestimmt der eine oder andere in der Kirche gemurmelt: „Ach du liebe Güte, er liest seine Gebete ab. Hast du das gesehen?? Er liest die Gebete!"

Das bedeutete also, dass ich mir die Gebete während der Predigt spontan einfallen lassen musste. Jedes Mal wieder. Ich fand es unheimlich schwierig, spirituell und emotional mit Jesus verbunden zu sein und gleichzeitig die Gegenwart der Zuhörer im Gemeinderaum zu spüren. Manchmal kam es vor, dass ich diese Gegenwart der Gemeinde völlig vergaß und mich ganz der intensiven Verbindung mit Gott hingab. Und in solchen Momenten muss wohl die Jugendsprache meines Viertels in West Philadelphia wieder in mir zutage gekommen sein.

An einem Sonntag sagte eine Frau auf dem Weg hinaus aus der Kirche zu mir: „Reverend, haben Sie eigentlich gemerkt, wie viel Grammatikfehler Sie heute Morgen beim Beten gemacht haben?"

Bevor ich noch wusste, was ich sagte, antwortete ich patzig: „Was wollen Sie, mit Ihnen habe ich doch sowieso nicht gesprochen!" Natürlich war das kein sehr vorbildliches Benehmen von mir, aber ein Gebet ist nun einmal etwas sehr, sehr Persönliches. Jesus sagte in der Bergpredigt, dass es einen Ort und einen Zeitpunkt für das öffentliche Gebet gäbe, dass man aber, wenn man wahrhaft beten wolle, „in ein Zimmer gehen und die Tür verschließen solle. Gott würde sich einem im Verborgenen zeigen und dann öffentlich entlohnen" (Matthäus 5-7, sinngemäß).

6
Über das erhörte Gebet

Einer meiner Freunde erzählte mir, dass er an einem Bibelkreis teilnahm, in dem die Menschen sich darüber austauschten, wie Gott ihre Gebete erhören könne. Eine alte Missionarin berichtete, dass sie in die Mission gegangen war und unbedingt heiraten wollte. Die anderen Missionare, mit denen sie arbeitete, waren alle verheiratet und lebten in guten Partnerschaften. Sie sehnte sich nach eben dieser Art von Partnerschaft und Kameradschaft, die die Paare genossen. Schon seit langem wünschte sie sich einen Ehemann. Sie schloss ihre Erzählung, indem sie sagte, Gott hätte ihr Gebet schließlich erhört.

Aus reiner Neugier fragte eine der anderen Frauen aus dem Bibelkreis: „Aber wieso? Du hast doch nie geheiratet." Die alte Missionarin lächelte und sagte: „Nun ja, irgendwo dort draußen muss es einen etwa 70 Jahre alten Mann geben, der sich seit 50 Jahren dem Willen Gottes widersetzt!"

7
Gebete für die Stadt

Mike Yaconelli, der die kirchliche Jugendarbeit in Amerika maßgeblich mit aufgebaut und gefördert hat, erzählte mir von dem Ende eines Tages, an dem bereits einige Treffen in Nashville, Tennessee, stattgefunden hatten. Billy Graham wollte eine Evangelisation dort durchführen.

Es war ein regnerischer, nebliger Abend und Mike fuhr gemeinsam mit einem Freund zurück zu deren Hotel. Sie kamen an einer Treppe vorbei, die zu einem Gebäude gehörte, das dem Parthenon nachempfunden worden war. Auf dieser Treppe sahen sie einen Mann sitzen, der den Kopf tief zwischen seine Knie gebeugt und den Mantelkragen bis über die Ohren hochgeschlagen hatte, um sich vor dem kalten Regen und dem Wind zu schützen. Der Mann sah so mitleiderregend aus, dass Mike den Wagen anhielt und gemeinsam mit seinem Freund ausstieg. Sie stiegen die Treppe hinauf bis zu der Stufe, wo der Bedauernswerte zusammengesunken hockte.

Mike vermutete, dass es sich um einen Obdachlosen handelte und sagte zu ihm: „Hey Mister, Sie müssen hier bei dem Wetter nicht herumsitzen. Wir zwei haben genug Geld bei uns, um Ihnen ein Hotelzimmer zu mieten. Kommen Sie mit uns. Wir kümmern uns darum, dass Sie ein trockenes Plätzchen zum Schlafen bekommen."

Der Mann blickte auf und Mike sah mit einer Verblüffung, dass der, mit dem sie gesprochen hatten, keine armselige Gestalt war, sondern niemand anderer als der große Billy Graham selbst. „Ist schon in Ordnung", sagte der Evangelist, „Ich möchte hier einfach noch eine Weile sitzen und für diese Stadt beten."

Mike und sein Freund zogen sich in ihr Auto zurück und saßen dort für eine ganze Weile schweigend. Dann sagte Mike: „Das ist es also. Deshalb kann Billy Graham so viele Menschen für den christlichen Glauben gewinnen. Deshalb ist er ein so großer Prediger auf der Kanzel. Bevor er predigt, betet er für die Stadt. So wie Jesus einst für Jerusalem gebetet hat."

8
Das Gebet kann wahrhaftig Dinge verändern

An vielen Orten in den Vereinigten Staaten werden von christlichen Unternehmen „Jesus-Festivals" gesponsert. Zu diesen Festivals kommen Zehntausende von jungen Menschen. Sie versammeln sich, campieren und hören christlichen Bands und christlichen Sängern zu. Man könnte diese Veranstaltungen als eine Art christliche Mini-Woodstock bezeichnen. Zwischen den einzelnen Musikacts treten normalerweise unterschiedliche Redner auf, aber für viele der Zuschauer sind diese Redner nur Lückenfüller, während im Hintergrund die eine Band ihr Equipment abbaut und die nächste Band ihres aufbaut.

Für eines dieser Festivals bat man mich um eine Predigt. Die Band, die vor mir aufgetreten war, hatte die Menge wahrhaftig in Ekstase versetzt. Tausende junger Leute sprangen auf und ab, brüllten, schrien und winkten mit den Armen. Als die Band ihren Auftritt beendet hatte, wurde ich ohne große Verzögerung angekündigt.

Zu sagen, das Publikum hätte kein Interesse daran gehabt, einem alten Mann wie mir dabei zuzuhören, wie er sich die Gute Nachricht des Evangeliums abrang, wäre eine schamlose Untertreibung. Während ich also versuchte zu predigen, schien es mir, als würde absolut niemand zuhören. Es wurden Tausende von Unterhaltungen geführt und die Leute liefen überall umher. Es war eine schwierige Situation und es sah so aus, als hätte kein Prediger der Welt eine Chance, die Aufmerksamkeit dieses Publikums zu gewinnen. Aber ich war nun einmal da und ich musste etwas unternehmen.

Anstatt mit der vorbereiteten Predigt zu beginnen, die ich sorgfältig ausgewählt, mit Bildern versehen und mit kleinen witzigen Anekdoten gespickt hatte, um die Aufmerksamkeit der jungen Leute zu fesseln, stand ich dort und sagte zu mir: *Hier wird für mich heute nichts zu erreichen sein, aber wenn ich mich heute Abend schlafen lege, dann will ich gewiss sein, dass ich den Weg zur Erlösung wenigstens klar und im vollen Glauben beschrieben habe.* Also begann ich, ohne Bilder und ohne jeden Versuch, irgendwie interessant zu wirken, dem Publikum zu erläutern, wieso sie Jesus Christus ihr Leben anvertrauen sollten und was Jesus Christus für sie tun würde, wenn sie das täten.

Während meine Predigt andauerte, bemerkte ich plötzlich etwas Seltsames. Eine Stille legte sich über die Menge und nach weiteren fünf oder zehn Minuten erkannte ich, dass dort unten zwanzigtausend junge Menschen standen und aufmerksam zuhörten. Sie konzentrierten sich auf meine Worte und lauschten angestrengt.

Ich schloss meine Predigt mit einer Einladung an die jungen Leute, vorzutreten und zu zeigen, dass sie eine Entscheidung für Christus getroffen hatten und dass sie ihn bitten, sie in neue Menschen zu verwandeln. Diese Einladung war eine der wirkungsvollsten, die ich je ausgesprochen habe. Hunderte von Teenagern meldeten sich. Nach den Gebeten führte ich sie zu einem großen Zelt, wo zwanzig Seelsorger darauf warteten, mit jedem der Interessenten einzeln zu sprechen und zu beten. Diese Seelsorger waren überwältigt angesichts des Ansturms so vieler Bekehrungswilliger. Also ging ich selbst in das Zelt, bat um Aufmerksamkeit und sagte allen „Suchenden", dass sie geduldig sein müssten und warten müssten, bis sie an der Reihe wären, wenn sie das Gebet mit uns suchten, da die Anzahl der Seelsorger begrenzt sei. Dann schloss ich mich den Seelsorgern an und half aus.

Meine Predigt hatte ich um 21:30 Uhr an diesem Abend beendet, aber es war bereits nach 01:00 Uhr morgens, als die Seelsorger und ich mit den letzten Wartenden sprachen.

Ich kam ins Hotel zurück und fiel auf der Stelle in einen tiefen Schlaf, bis um 08:00 Uhr am nächsten Morgen. Um 09:00 Uhr wurde ich abgeholt und zum Flughafen gebracht, aber ich bat, man möge doch bitte noch einmal beim Festivalgelände vorbeifahren. Im Raum hinter der Bühne herrschte reges Treiben und alle sprachen noch immer über die tollen Reaktionen auf den Gottesdienst am Abend zuvor. Ich konnte mir darauf noch immer keinen Reim machen, also fragte ich in die Runde, was es denn gewesen sei und was ich wohl gesagt hätte, das diesen erstaunlichen Wandel verursacht hätte, die Unruhe besänftigt und was die Leute dazu gebracht hätte, mir endlich zuzuhören. Einer der Sponsoren des Festivals sagte zu mir: „Ich sag's dir ganz ehrlich, Tony, ich habe kein Wort von dem verstanden, was du gesagt hast. Als du auf die Bühne kamst und mit deiner Predigt begannst, da war überall so viel Lärm und so ein großes Durcheinander, dass ich einfach ganz still stehen blieb und für dich gebetet habe, damit du das da oben durchstehst und damit deine Botschaft irgendwie diese jungen Kids erreicht."

Ich fragte eine weitere Person und dann noch eine und schließlich noch eine. Wieder und wieder bekam ich fast identische Antworten: „Tut mir leid, aber ich glaube, ich habe dir gar nicht zugehört. Alles war so chaotisch letzte Nacht, dass ich irgendwann einfach den Kopf gesenkt und für dich gebetet habe. Ich habe gebetet, dass Gott die Menge beruhigen möge und allen helfen möge, dir zuzuhören." Ich war doch sehr verblüfft und ehrlicherweise auch etwas enttäuscht, aber dann begriff ich. Es war nicht meine Predigt gewesen, die Dinge verändert hatte. Es waren die Gebete dieser Menschen gewesen. Ein paar Dutzend Menschen, die Gott anriefen, er möge doch bitte die Menge besänftigen und sie aufnahmefähig machen für ein wenig christliches Evangelium, hatten damit mehr bewirkt als sämtliche geplanten und ausgefeilten homiletischen Tricks es vermocht hätten. In den Worten der Schrift: „*Des Gerechten Gebet vermag viel, wenn es ernstlich ist.*" Jakobus 5,16 (hier nach Luther 1912).

9

Die Heilung der Seele

Vor etwa zwölf Jahren hielt ich eine Ansprache während einer Konferenz für christliche Führungskräfte in Südafrika. Ein weiterer Redner während dieser Konferenz war ein Prediger namens Randy Clark, dessen spirituelle Ausstrahlung und Begabung wahrhaft erstaunlich waren.

Eines Morgens, während wir beim Frühstück saßen, fragte Randy mich, ob ich auch Heilungsgottesdienste machen würde. Ich antwortete ihm: „Wenn du damit meinst, ob ich für Menschen bete, wenn sie krank sind, dann ist die Antwort ja. Allerdings muss ich ehrlich sagen, dass ich noch nie viel bewirken konnte. Wenn du aber meinst, ob ich tatsächlich Heilungsveranstaltungen mache wie so manche dieser Fernsehprediger, dann lautet die Antwort nein."

„Wieso nicht?", fragte Randy. Darauf sagte ich: „Nun ja, wie ich schon sagte, es scheint nichts zu bewirken, wenn ich für die Heilung von Menschen bete."

Er schmunzelte und sagte: „Nun, was andere Dinge betrifft, hat dich das doch auch nie vom Beten abgehalten."

Einige Wochen später hielt ich einen Gottesdienst in einer Nazarenerkirche in Oregon. Als ich vortrat, um meine Predigt zu beginnen, da bemerkte ich, dass innen in der Kanzel eine kleine Flasche mit Olivenöl stand. Als ich diese sah, fühlte ich in mir das Bedürfnis, der Gemeinde zu sagen: „Hier steht eine Flasche mit Öl. Wenn also jemand von Ihnen nach der Predigt noch für einen Heilungsdienst bleiben möchte, dann ist er herzlich eingeladen, das zu tun. Allerdings möchte ich Ihnen allen dazu Folgendes sagen: Erstens darf so ein Dienst nicht in Eile geschehen. Ich möchte mit jedem Einzelnen in eine Begegnung kommen, ich möchte mit ihm sprechen und verstehen, was er im Moment durchmacht. Das wird für jeden schon einige Minuten in Anspruch nehmen. Zweitens, um ganz ehrlich zu sein, bin ich kein Heiler. Ich erwarte nicht, dass wirklich etwas geschehen wird."

Nach dem Ende meiner Predigt blieben ungefähr dreißig Menschen. Sie setzten sich in die ersten Bänke und warteten auf Gebet.

Ich sprach und betete mit jedem einzelnen von ihnen. Zu meiner Überraschung hatten die meisten von ihnen kein körperliches Leiden. Depressionen waren der meistgenannte Grund, wieso diese Menschen geblieben waren, um mit mir zu beten. Nur wenige von ihnen waren tatsächlich physisch krank.

Zwei Wochen später rief mich eine Frau an und sagte, ihr Mann wäre einer derjenigen gewesen, für die ich nach dieser Predigt gebetet hätte. Sie fuhr fort und erzählte mir, ihr Mann hätte Krebs gehabt. Als ich hörte „gehabt", da schlug mein Herz schneller. „Krebs gehabt?", fragte ich. „Wie geht es ihm denn jetzt?"

„Er ist gestorben", war ihre Antwort.

Ich wusste nicht, was ich sagen sollte. Ich entschuldigte mich. Ich sagte, wie leid es mir täte. Ich stammelte ein wenig.

Da überraschte sie mich, als sie sagte: „Nein, nein, ich rufe eigentlich an, weil ich mich bei Ihnen bedanken möchte. Vor dem Heilungsgottesdienst war mein Mann voll des Ärgers und der Wut gegen Gott und auch gegen sonst jeden. Er war doch erst 58 Jahre alt. Er hatte sich so darauf gefreut, seine Enkelkinder aufwachsen zu sehen. Er lag im Bett und verfluchte Gott. Niemand hielt es mehr in seiner Nähe aus, am allerwenigsten ich. Nachdem Sie aber mit ihm gebetet hatten, da änderte sich alles. Die letzten zwei Wochen, die wir gemeinsam verbringen durften, wurden die schönsten, die wir je hatten. Wir sangen gemeinsam, wir lachten gemeinsam und wir waren einige Tage lang einfach nur unglaublich glücklich miteinander. Wenn ich wählen müsste zwischen diesen Tagen und zwischen den letzten fünf Jahren, dann wäre die Wahl für mich sehr einfach. Die letzten Tage mit ihm waren so wunderbar."

Und dann sagte sie noch etwas sehr Bedeutsames: „Er wurde vielleicht nicht im klinischen Sinne geheilt. Aber seine Seele wurde geheilt."

Ich musste über all das noch eine lange Zeit nachdenken. Jede Art von klinischer Heilung ist zeitlich begrenzt. Ganz gleich, welches Wunder sich ereignet, wie auch immer Gott eingreifen und jemanden von einer körperlichen Krankheit heilen mag, von der die Ärzte sagten, sie sei unheilbar; letzten Endes wird der Mensch doch irgendwann sterben. Diese Art von Heilung hat also nur für eine begrenzte Zeit Bestand. Die Heilung des Herzens, des Geistes und der Seele aber hat Bestand für immer.

10
Heilung durch Vergebung

Dan Fountain war viele Jahre lang als Missionsarzt der American Baptist Church in Afrika tätig. Er war dort, als die AIDS-Pandemie ausbrach und sein Krankenhaus war nach kurzer Zeit voller Frauen, die von der Krankheit befallen waren. Zu dieser Zeit waren die antiviralen Medikamente, die den Ausbruch der Krankheit hinauszögern können, noch nicht weit verbreitet und schwer zu bekommen. Davon abgesehen: selbst wenn die Medikamente zu bekommen gewesen wären, so hätten die Frauen, die in Dans Krankenhaus kamen, sie sich aufgrund der hohen Kosten nicht leisten können. In den meisten Fällen hatten die Frauen sich bei ihren Ehemännern angesteckt, die fremdgegangen waren und die Krankheit mit nach Hause gebracht hatten. In vielen Fällen hatten die infizierten Frauen Kinder bekommen, die wiederum HIV-positiv waren und somit weitere unschuldige Opfer von AIDS wurden. Diese Frauen waren nicht nur sehr krank und sehr ängstlich, sie waren auch voller Wut auf ihre Ehemänner, was sicher mehr als nachvollziehbar ist. Viele von ihnen wussten, dass sie bald sterben würden und dass die Kinder, die sie liebten, allein zurückblieben und ohne jemanden, der sich angemessen um sie kümmern würde.

Dr. Fountain konnte nicht viel tun, um ihre Krankheit zu behandeln. Als christlicher Missionar aber wollte er sich um mehr kümmern als nur um ihr klinisches Krankheitsbild. Er sorgte sich wegen der Bitterkeit und des Ärgers, der in diesen Frauen brodelte. Deshalb organisierte er Bibel- und Gebetskreise, in denen vor allem über das Thema Zorn und Wut gesprochen wurde, und er tat sein Bestes, um den Frauen zu erklären, wie man vergibt und was Jesus zum Thema Vergebung zu sagen hat. Er half ihnen dabei, über das Gebet zu Frieden im Herzen und im Geiste zu finden und er zeigte ihnen, dass die Kraft des Heiligen Geistes in sie fließen könnte und ihnen helfen würde, ihren Männern zu vergeben, obwohl die das Unglück in ihr Leben gebracht hatten.

Zu seiner eigenen Überraschung stellte Dr. Fountain fest, dass durch diese Bibel- und Gebetsgruppen erstaunliche Erfolge erzielt werden konnten. Er erkannte, dass der Krankheitsverlauf dieser

Frauen sich drastisch verlangsamte, wenn sie lernten zu vergeben. Heilungen von der Krankheit gab es keine, aber bei den Frauen, die lernten, durch die Kraft des Heiligen Geistes zu lieben, wurden bestimmte chemische Enzyme im Hirn ausgeschüttet, die der Krankheit positiv entgegenwirkten.

Dies führte dazu, dass Dr. Fountain bei einem großen medizinischen Kongress einen Aufsatz vorlegte, indem er erklärte, dass die durch Gebete erreichte liebevolle Vergebung ähnliche Effekte auf die Krankheit hatte wie die anti-viralen Medikamente, die die afrikanischen Frauen sich nicht leisten konnten. Das Gebet ist wirksam auf vielerlei Weise und auf mehr Wegen, als wir erkennen können. Manchmal kann man seine Wirksamkeit sogar wissenschaftlich belegen.

11

Warum erlöst uns Gott nicht?

Es gab einmal diesen obdachlosen Mann, den alle nur als „Tiger" kannten. Seine Obdachlosigkeit war selbstgewählt. Er weigerte sich, eines der Wohnungsangebote anzunehmen, die die Kirche oder die Behörde ihm unterbreiteten.

Nachts kam Tiger zu der Kirche, in der einer meiner Freunde Pastor war, und schlief dort im Eingang unter einem von Säulen gehaltenen Vordach. Manchmal kam er tagsüber ins Kirchenbüro, um ein Schwätzchen mit dem Pastor zu halten. Er erzählte Begebenheiten aus seinem Leben und gab seine Lebensphilosophien zum Besten. Tiger war oft depressiv und stand mehrfach kurz davor, Selbstmord zu begehen. Er hatte es aber dennoch nie getan, denn er war der Meinung: „Der Herr hat mir verboten, es zu tun!"

Eines Tages kam Tiger ins Kirchenbüro und erzählte, dass er in der Nacht zuvor so deprimiert gewesen sein, dass er sich beinahe von einer nahen Brücke aus in den Fluss gestürzt hätte, der durch die Stadtmitte fließt. „Zu dieser Stelle gehe ich oft, wenn ich daran denke, mich umzubringen", erklärte er. „Aber auch diesmal war es wie schon oft zuvor. In letzter Minute sprach Gott zu mir und sagte ‚Tu es nicht!' Also tat ich es nicht."

Mein Freund, der Pastor, sagte: „Gott hat dir gesagt, dass du es nicht tun sollst, weil er dich liebt. Nur deswegen sprach Er so zu dir."

„Aber Herr Pfarrer!", antwortete Tiger, „wenn Gott nicht möchte, dass ich von dieser Brücke springe, wieso ändert er nicht einfach die Gründe, wegen denen ich springen will? Das ist es, was ich wissen will. Wieso ändert Gott nicht die Dinge, die machen, dass ich springen will?"

Viele Menschen stellen diese Fragen, wenn sie so tief verzweifelt sind wie Tiger es war. Warum ändert Gott nicht die Dinge, die uns so verzweifeln lassen? Wieso greift Gott nicht ein und ändert das Geschehen?

Vor vielen, vielen Jahren stellte Habakuk, ein Prophet des Alten Testaments, genau diese Fragen. Dann, durch das Gebet, eröffnete sich Habakuk ein Gedanke, der sein Herz leichter werden ließ trotz der schwierigen Umstände seines Lebens. Er betete:

„Denn der Feigenbaum wird nicht grünen, und wird kein Gewächs sein an den Weinstöcken; die Arbeit am Ölbaum ist vergeblich, und die Äcker bringen keine Nahrung; und Schafe werden aus den Hürden gerissen, und werden keine Rinder in den Ställen sein. Aber ich will mich freuen des HERRN und fröhlich sein in Gott, meinem Heil."

Hab. 3,17-18 (LUT)

Teil 7

Gottes Plan für uns

Teil 7

GOTTES PLAN FÜR UNS

„Wir wissen aber, dass denen, die Gott lieben, alle Dinge zum Besten dienen, denen, die nach seinem Ratschluss berufen sind. Denn die er ausersehen hat, die hat er auch vorherbestimmt, dass sie gleich sein sollten dem Bild seines Sohnes, damit dieser der Erstgeborene sei unter vielen Brüdern. Die er aber vorherbestimmt hat, die hat er auch berufen; die er aber berufen hat, die hat er auch gerecht gemacht; die er aber gerecht gemacht hat, die hat er auch verherrlicht."

RÖMER 8,28-30 (LUT)

Jeder von uns ist hier, weil Gott ihn herberufen hat. Gott sieht uns wie Eltern ihr heranwachsendes Kind sehen, und er ist erfüllt von Hoffnungen und Plänen für jeden von uns. Von Gott wird jeder Mensch als einzigartige Kreatur betrachtet, mit ganz eigenen Aufgaben auf der Erde.

Gott will durch dich etwas ganz Besonderes tun. Gott hat dies vorbereitet für jeden Menschen, der auf diese Welt kommt. Wenn dieses Gute nicht von dir vollbracht wird, solange du lebst, dann wird Wunderbares ungetan bleiben. Deine ganz eigene Berufung mag nicht darin liegen, etwas zu tun, was in den Augen der Welt besonders großartig ist. Aber was in den Augen der Welt klein erscheint, kann groß sein, wenn Gott darin wohnt.

1

Einst warst du ein Spermium

Wenn ich vor jungen Menschen spreche, dann erzähle ich ihnen gern: „Ist euch eigentlich klar, dass ihr alle einmal ein Spermium wart? Ganz genau. Ihr wart einmal ein Spermium und ihr wart nur einer in einer Gruppe von fünf Millionen. Erinnert ihr euch daran? Ihr habt euch alle an einer Startlinie aufgestellt und weit hinten, am Ende des Tunnels, da war dieses Ei. Es gab ein Rennen, und ihr habt dieses Rennen gewonnen! Macht euch das einmal für einen Moment klar. Die Chance war 1:5 Millionen und ihr habt gewonnen! Dieser Sieg lässt ja wohl alle olympischen Medaillen dieser Welt sehr klein aussehen, meint ihr nicht? Ihr habt es geschafft. Ihr wart die Gewinner! Ihr seid Gewinner. Ihr alle seid hier, weil Gott euch herberufen hat. Ihr seid kein Unfall. Denkt darüber nach. Wenn eure Mutter an diesem Abend Kopfschmerzen gehabt hätte, dann würdet ihr nicht mal existieren. *Ihr seid alle ganz besondere Menschen!*"

2
Die Kirche wecken

Steve Chalke, ein Freund aus Großbritannien, spricht in seinen Predigten mit Leidenschaft darüber, dass man die Kirche wachrütteln und auffordern müsse, die Welt zu ändern. Oft benutzt er dafür ein metaphorisches Bild von einem wild lodernden Feuer und einer Gruppe Feuerwehrmänner, die ganz in der Nähe liegen und schlafen. Ein Mann kommt vorbei und trägt in der Hand einen Eimer voll Wasser. Er sieht das brennende Inferno und dann sieht er die schlafenden Feuerwehrleute. Nun könnte er zwei Dinge tun: Er könnte seinen Eimer voll Wasser in die Flammen schütten, aber das würde recht wenig nützen. Selbst wenn er zurück zum Wasserhahn laufen würde und den Eimer immer wieder auffüllen würde, so könnte er allein doch wenig ausrichten gegen eine solche Feuersbrunst. Stattdessen könnte er den Eimer voll Wasser auch über den Feuerwehrleuten ausleeren, damit die aufwachten und ihm im Kampf gegen die Flammen helfen könnten. Ganz offensichtlich ist die zweite Lösung die bessere.

Die Zeit ist da, dass wir die Kirche aus ihrem Schlaf wecken, damit die Menschen Gottes gemeinsam die Nachricht von der Erlösung durch Gott verbreiten können. Und ebenso die sozialen Probleme angehen können, die den Armen und den Unterdrückten dieser Welt zusetzen. Es gibt Menschen, die sich der Tatsache nicht oder nicht mehr bewusst sind, dass die Kirche dafür gegründet wurde, Gottes Arbeit auf dieser Welt zu tun. Ganz ohne Zweifel muss die Kirche wachgerüttelt werden, denn sie hat sich über die Jahre, auch durch unser Zutun, in eine schlafende, nur mit der Selbsterhaltung befasste Institution verwandelt.

3

Das Alter und das Geld

In New York City fuhr eine alte Dame einen großen Cadillac spazieren und fand am Straßenrand tatsächlich einen der wenigen freien Parkplätze. Gerade als sie rückwärts einparken wollte, kam von hinten ein junger Mann in einem Sportwagen herangebraust und lenkte blitzschnell vorwärts sein Auto in die Lücke. Er lehnte sich aus dem Fenster und rief der Frau zu: „Tja, Jugend und Beweglichkeit!"

Die Frau legte in ihrem Wagen den Rückwärtsgang ein, trat das Pedal durch und fuhr auf den Sportwagen auf. Dann rief sie dem jungen Mann zu: „Tja, Alter und Geld!"

Es ist oft so, dass es ältere Leute im Laufe ihres Lebens zu Geld gebracht haben und darum Dinge tun können, die junge Menschen nicht tun können. In der Missionarsarbeit ist die Unterstützung dieser älteren Leute dringend von Nöten. Das Alter und das Geld können gemeinsam viele Dinge zur Arbeit für Gottes Königreich beitragen. Junge Menschen dabei zu unterstützen, ihre Berufung zu finden und zu leben, das kann selbst eine Berufung sein. Wie viele junge Menschen wenden sich heute nur deswegen nicht der Missionarsarbeit zu, weil niemand das Geld dafür bereitstellen kann und wie viele ältere Menschen könnten dabei helfen, es bereitzustellen?

4

Alles hat seine Grenzen

Eines Tages wurde ein junger Mann von seinem Vater am Kragen in mein Büro geschleift und auf einen Stuhl gesetzt. Dieser Vater machte kein großes Geheimnis daraus, wie enttäuscht er darüber war, was aus seinem Jungen geworden war. „Ich habe ihn aufs College geschickt, damit er eine gute Ausbildung bekommt und etwas aus sich macht und dann kommen Leute wie Sie und setzen ihm Flausen in den Kopf. Sehen Sie ihn sich an! Er macht Missionarsarbeit. Er ist draußen auf den Straßen bei den Huren, bei den Zuhältern und bei den Drogendealern. Er verschenkt sein Geld an mittellose, alte Frauen. Er lebt wie ein armer Hund und alles, woran er denkt, ist, wie er den Armen dieser Welt helfen kann!" Dann fuhr der Vater fort: „Verstehen Sie mich nicht falsch, Campolo, ich habe ja nichts dagegen, wie ein Christenmensch zu leben – aber alles hat ja wohl seine Grenzen!"

Wann auch immer ich diese Geschichte erzähle, wird in der Gemeinde gekichert und gelacht, aber ich sage zu den Menschen: „Sind wir nicht alle ein wenig so? Sind wir nicht alle bereit, gute Christen zu sein – bis an eine gewisse Grenze heran? Und sollten wir nicht alle erkennen, dass es eben genau diese Grenze ist, die wir überschreiben müssen, um wahrhaft nach dem Vorbild Christi zu leben?"

5

Singen in Auschwitz

Nachdem ich den Film „Schindlers Liste" gesehen hatte, beschloss ich, eine Radiosendung zum Thema Judenverfolgung zu machen. Ich wollte meine Zuhörer an die Grausamkeit des Holocaust erinnern und an das Leid, das die Juden im Zuge des Antisemitismus während der Zeit des Hitler–Regimes erdulden mussten.

Am Tage, nach dem die Sendung im Radio zu hören gewesen war, rief mich ein Mann an und sagte, er sei ein Auschwitz-Überlebender. Er dankte mir für die Sendung und erzählte mir, dass die Auschwitz-Überlebenden, die im Raum Philadelphia wohnten, sich einmal im Monat zu einem Frühstück trafen. Er lud mich ein, doch beim nächsten Treffen dabei zu sein und vielleicht mit einigen Leuten sprechen, die die grauenvolle Zeit in Auschwitz erlebt und überlebt hatten.

Ich nahm die Gelegenheit sehr gern wahr und traf mich mit dem Mann am verabredeten Tag im Hinterzimmer einer Feuerwache nahe dem Flughafen von Philadelphia. Man hatte ein einfaches Frühstück vorbereitet für ungefähr zwanzig Männer und Frauen, die dort zusammen gekommen waren, um das Band zu stärken, das all ihre Leben miteinander verknüpfte, weil sie gemeinsam so viel Leid erfahren hatten.

Ich fragte einen der Männer, ob er nicht jedes Mal zusammenzuckte, wenn er jemanden mit einem deutschen Akzent sprechen hörte und ob seine Erfahrungen ihn dazu gebracht hätten, Deutsche zu hassen. Er erklärte mir, dass er gegenüber Deutschen keinerlei Hassgefühle hegte. „Ich war noch ein kleiner Junge, als sie meinen Vater und mich in einen Zug verfrachteten und in das Lager brachten. Wir waren in einem Güterwagen ohne Fenster so eng zusammengepfercht, dass wir kaum atmen konnten. Länger als drei Tage fuhren wir mit diesem Zug. Zwischendurch hielt er immer wieder an, manchmal ging es stundenlang nicht weiter, und wir hatten weder Wasser noch Nahrung. Der Gestank nach Exkrementen und nach Urin war unerträglich und ich erinnere mich, dass ich solchen Hunger hatte, dass ich vor Magenschmerzen weinte. Doch zweimal kam es vor, dass sich während nächtlicher Stopps Menschen durch den Wald heranschlichen und zu den Güterwaggons kamen und uns Brotscheiben und Tassen mit Wasser durch die Ritzen und Spalte reichten. Meine Dankbarkeit für die Güte dieser Menschen ist noch heute überwältigend, und jedes Mal, wenn ich jemanden mit einem deutschen Akzent sprechen höre, dann denke ich: Dies könnte das Kind oder das Enkelkind eines Menschen sein, der mir damals in der Stunde der größten Not die Hand reichte."

Es wurden noch weitere Geschichten erzählt und die zwei Stunden, die ich mit jenen Holocaust-Überlebenden verbrachte, gehören zu den wichtigsten und bedeutsamsten in meinem Leben. Am Ende des Frühstücks standen alle auf, bildeten einen Kreis und reichten sich die Hände. Was nun kam, das war wirklich erstaunlich. Diese Überlebenden, diese Opfer des Antisemitismus, sangen ein fröhliches Lied. Sie sangen „You are my sunshine, my only sunshine, you make me happy, when skies are gray. You'll never know, dear, how much I love you. Please don't take my sunshine away." *)

Als das Lied beendet war, fragte ich den Mann neben mir, was es denn damit auf sich hätte. Er erzählte mir, dass sie es damals im Lager auch so gehalten hätten. An jedem Morgen seien sie in einem Kreis zusammen gekommen, hätten sich bei den Händen gehalten und hätten ein fröhliches Lied gesungen und das hätte ihnen geholfen, ihren Geist aufzurichten und so den Tag zu überstehen.

Was für ein Beweis für die Überlebensfähigkeit und Stärke des menschlichen Geistes! Ich fühlte, dass Gott sein Werk tat im Leben dieser Menschen und das auf eine Weise, die größer und mächtiger war als ich zu erfassen vermochte. Man könnte sagen, Gottes Wille geschah durch diese Menschen.

*) *Anmerkung des Übersetzers:*
Der Text lautet übersetzt etwa: „Du bist mein Sonnenschein, mein einziger Sonnenschein, wenn der Himmel trüb ist, machst Du mich glücklich. Du ahnst ja gar nicht, mein Schatz, wie sehr ich Dich liebe, bitte nehmt mir meinen Sonnenschein nicht weg."

6

Die Tragödie in der Nachbarschaft

Seit Jahren werden im Rahmen unseres städtischen Missionierungsprogramms viele Studenten angeworben, die dann nach Philadelphia kommen, um dort mit den Jungen und Mädchen aus den öffentlich geförderten Wohnsiedlungen zu arbeiten und Gemeindeprojekte für sie zu entwickeln. Die Studenten leiten Veranstaltungen, in denen aus der Bibel gelesen, gesungen und gespielt wird. Während der Vormittagsstunden gibt es kulturelle Förderprogramme für Kinder. Abends gibt es Kurse und Veranstaltungen für die Teenager. Verschiedene Sportgruppen werden angeboten, Diskussionsgruppen und Gruppen, in denen über die Hinwendung zu Gott gesprochen wird.

An einem heißen Sommertag war es, als die morgendlichen Gruppen für die Kinder gerade beendet wurden und die Jungen und Mädchen nach Hause in die Wohnblöcke liefen, um mit ihren Eltern zu Mittag zu essen. Ein Junge lief die Treppe hinauf in den dritten Stock, zur Wohnung seiner Mutter. Dort traf er auf einen Mann, der seine Mutter schlug und sie durch die Wohnung schubste und trat und sie anschrie, sie solle ihm Geld geben. Es war der „Freund" der Mutter. Er hatte offensichtlich ein Drogenproblem und wollte den Sozialhilfe-Scheck der Mutter, um sich davon Stoff zu besorgen.

Der Junge lief zum Fenster und rief so laut er konnte nach den jungen Studenten, sie sollten doch bitte Hilfe holen. Sie wussten, was zu tun war. Sie riefen sofort die Polizei, die sowieso von früh bis spät anwesend zu sein schien, in diesen völlig überbevölkerten, engen Wohnblocks. Die Beamten trafen auch sofort ein, rannten die Treppe hinauf, durchbrachen die Wohnungstür und nahmen den Randalierer in der Wohnung fest. Es gab kein Entkommen für ihn.

Der Mann war ein Betrüger und ein Verlierer, der immer wieder Ärger mit dem Gesetz hatte, und es war ihm wohl klar, dass es für ihn eine lange Zeit hinter Gitter gehen würde, wenn man ihn nun noch einmal verhaftete. In einem Akt der Verzweiflung lief er zum Fenster und sprang hinaus. Vielleicht war ihm auch nicht klar gewesen, dass er sich im dritten Stock des Hauses befand. Er landete direkt auf einer der Eisenstangen, an denen im Innenhof die Wäscheleinen festgeknüpft wurden. Die Stange drang an seinem Gesäß in ihn ein und kam am Genick wieder hervor. Gepfählt von der Stange hing er dort, zuckte und zappelte noch zwei oder drei Minuten, dann war er tot.

So grausig die ganze Szene auch anzusehen war, so gab es doch etwas, das mich fast noch mehr schockierte. Da war eine Gruppe von mehr als vierzig Kindern, die um die Eisenstange herumstanden und dem Mann beim Sterben zusahen. Die größte Tragödie war in meinen Augen die, dass es keinen von ihnen wirklich zu erschüttern schien, was dort geschah. Eine halbe Stunde, nachdem die Leiche des Mannes von den herbeigerufenen Sanitätern entfernt worden war, waren die Kinder schon wieder in ihr Spiel vertieft. Man könnte meinen, dass Kinder, die ein solch schreckliches Vorkommnis beobachten, traumatisiert wären. In wohlhabenderen Gegenden der Stadt hätte man mit den Kindern wohl mehrere Tage lang Trauma- und Trauerbewältigung betrieben. Nicht so in diesem Getto in der Innenstadt. Diese Kinder waren abgehärtet. Sie hatten schon zu viel Tod gesehen. Sie hatten miterlebt, was die Drogen in ihren Familien anrichteten, wie die Drogen ihre Schwestern zu Huren und ihre Brüder zu Zuhältern oder Drogenschiebern machten. Für diese Kinder war eine Tragödie etwas, was sich jeden Tag zutrug. Sie hatten sich daran gewöhnt. Sie hatten ihre Herzen und ihren Geist hart gemacht, um damit umzugehen, und das war vielleicht das Traurigste an der ganzen Sache.

Nach diesem schrecklichen Tag entschieden viele der Studenten, die mit uns arbeiteten, ihr Leben der Gemeindearbeit in der Großstadt zu widmen. Sie glaubten, dass Gott ihnen die Aufgabe zugewiesen hatte, die Herzen dieser Kinder wieder weich und empfänglich zu machen, indem sie sich um sie kümmerten und sie liebten, damit sie in Gottes Himmelreich eingehen könnten.

Manchmal ist es so, dass wir inmitten einer Tragödie begreifen, welche Aufgabe Gott für uns vorgesehen hat.

7

Suchen, was echt ist

Einer der bekanntesten Prediger Amerikas ist Fred Craddock. Er liebt es, Geschichten zu erzählen und besonders gefällt mir die Geschichte, in der sein Onkel einen Hund bei sich zu Hause aufnimmt, der zuvor Hunderennen gelaufen ist. Wenn die Hunde zu alt sind, um weiter in Rennen zu starten, dann werden sie normalerweise eingeschläfert, es sei denn, Menschen möchten sie als Haustier bei sich aufnehmen. Diese Hunde sind wundervolle Haustiere.

Fred erzählte also: „Eines Tages besuchte ich meinen Onkel. Der Hund, den er gerade zu sich genommen hatte, lag dort mitten auf dem Teppich und spielte mit den Kindern. Die Kinder rollten auf dem Fußboden herum und herzten und drückten den Hund. Der Hund wiederum leckte ihre Gesichter. Man sah, dass alle Beteiligten viel Spaß hatten." Dann erzählte Fred weiter: „Ich sah zu dem Hund herüber und sagte: ‚Hund, wie kommt es, dass du keine Rennen mehr läufst? Bist du vielleicht zu alt geworden?'"

Der Hund antwortete: „Nein, eigentlich bin ich noch ziemlich jung. Jung genug, um Rennen zu laufen."

Fred sagte: „Hund, vielleicht hast du ja einfach nicht mehr gewonnen. Ist das der Grund, wieso du keine Rennen mehr läufst?"

„Aber nein", sagte der Hund, „ich kann sehr wohl noch gewinnen. Ich bin schneller als die meisten anderen Rennhunde. Ich habe gewonnen bis zu dem Moment, da ich aufhörte."

„Naja, vielleicht hast du einfach nicht genug Geld verdient für deinen Herrn", sagte Fred.

„Oh nein", sagte der Hund. „Ich habe für meinen Herrn mehr als genug Geld verdient."

„Nun, und warum läufst du dann keine Rennen mehr?", wollte Fred wissen.

Da antwortete der Hund: „Weil ich eines Tages erkannt habe, dass der Hase, den ich jagte, nicht echt wahr."

Bedauerlicherweise trifft diese kleine Geschichte auf so viele Menschen in der Welt zu. Sie jagen Hasen, die nicht echt sind, aber anders als der Hund in diesem erfundenen Gleichnis bemerken diese Menschen nicht, dass ihre Hasen nicht echt sind.

8

Lebenszeugnisse – Titel oder Tugenden

Seit meinem Teenageralter bin ich Mitglied der Mount Carmel Baptist Church, einer afro-amerikanischen Gemeinde in West Philadelphia. Einmal im Jahr gibt es in meiner Kirche einen Tag, an dem sich die Studenten der Gemeinde vorstellen. Ich erinnere mich an einen jener Sonntage und weiß noch, dass über zwanzig College- und Universitätsstudenten in den vorderen zwei Bänken saßen. Der Pastor sah sie alle an und rief sie voller Stolz und Zuneigung einzeln zu sich nach vorn, damit sie der Gemeinde erzählen, was sie studieren und welche Berufslaufbahn sie einschlagen wollen.

Ein junger Mann sagte: „Ich studiere an der Harvard University und ich will Rechtsanwalt werden." Die älteren Großmütter und Großväter der Gemeinde antworteten erfreut: „Oha. Oh ja. Danke, Jesus."

Ein anderer Student sagte: „Ich studiere am Massachusetts Institute of Technology und möchte Ingenieur werden." Wieder gab es Rufe der Zustimmung und Beifall aus der Gemeinde.

Eine junge Frau verkündete: „Ich studiere Musik an der Juilliard (Hochschule für Tanz, Schauspiel und Musik)." Ich hörte, wie die Großmütter und Großväter murmelten: „Wunderbar, wunderbar. Gut, gut! Danke, Jesus."

Sie denken vielleicht, Sie haben in Ihrem Leben schon schöne Musik gehört, aber die schönste Musik haben Sie dann gehört, wenn Sie vierzig oder fünfzig Großmütter und Großväter vor Freude und Stolz murmeln und brummen hören! Vor Stolz darauf, dass ihre Enkelkinder etwas werden dürfen, was Amerika sie selbst nicht hatte werden lassen.

Als die Studenten ihre Vorstellungen beendet hatten, stand der Pastor auf, sah sie direkt an und erklärte mit lauter Stimme: „Kinder! Ihr werdet alle sterben! Ja, richtig gehört. Sterben werdet ihr! Ihr könnt es euch in diesem Moment beim besten Willen nicht vorstellen, wie es ist zu sterben. Aber eines Tages werden sie euch auf den Friedhof tragen, euch in ein Loch stecken, euch Erde aufs Gesicht werfen und dann zurück zur Kirche gehen und Kartoffelsalat essen!"

„Als ihr geboren wurdet, da habt ihr geweint, alle anderen dagegen waren glücklich. Ist es nicht so: Wenn ihr sterbt, dann seid ihr glücklich und alle anderen werden weinen? Es kommt darauf an, wofür ihr im Leben steht. Seid ihr nur auf der Jagd nach Titeln? Bachelor Degrees, Master Degrees, Doktortitel? Ist es das, worum es euch geht im Leben? Titel sammeln? Oder geht es nicht vielleicht eher darum, Tugenden zu sammeln?"

Das war wahrhaft die Predigt eines schwarzen Pastors. Sie hatte Rhythmus. Sie hatte Musik. Sie hatte Poesie. Ich habe es immer noch im Ohr, wie mein Pastor wieder und wieder sagte: „Titel oder Tugenden? Titel oder Tugenden?" Und dann tat er etwas, was nur ein schwarzer Prediger tun kann. Er predigte sich durch die gesamte Bibel innerhalb von fünf Minuten. Weiße Prediger können das nicht. Die verzetteln sich. Dieser Mann aber spannte einen Bogen von der Schöpfungsgeschichte bis zur Offenbarung, mit wenigen, erhabenen Worten. Ich höre ihn immer noch sagen: „Der Pharao hatte den Titel ‚Herrscher von Ägypten'. Ein wahrhaft guter Titel, aber als es vorüber war, war alles, was dem Pharao blieb – ein Titel. Er hatte den Titel, aber Moses hatte die Tugenden!"

Mit machtvoller Stimme fuhr der Pastor fort: „Da war die Königin Isebel. Ein guter Titel – Königin. Sie wollte Elia töten, den Propheten Gottes. Und als dies getan war, blieb auch Isebel nur dies – ihr Titel. Sie hatte den Titel – aber Elia hatte die Tugenden!"

„Dann war da König Darius. Guter Titel – König. Er warf Daniel in die Löwengrube, aber als alles vorüber war, hatte auch er nur noch seinen Titel. Darius hatte den Titel, aber Daniel hatte..." und die gesamte Gemeinde rief im Chor: „...die Tugenden!"

Der Pastor fuhr fort, in einer Art rhythmischem Singsang, und die Menschen antworteten ihm voll Freude und klatschen dazu im Takt. Und ich weiß noch, wie er zu den Studenten schaute und sagte: „Wenn eure Zeit gekommen ist und sie legen euch in euer Grab, was wollt ihr haben? Einen großen Grabstein, auf dem all eure Titel geschrieben stehen? Oder wollt ihr, dass die Menschen am Grab *Zeugnis ablegen* über eure Tugenden, über eure Liebe, Unterstützung und Fürsorge im Namen Christi?"

„Ich wünsche euch beides: Titel und Tugenden! Aber wenn ihr euch entscheiden müsst – entscheidet euch für die Tugenden, damit man einmal ein gutes *Zeugnis* über euch ablegen wird!"

9

Der Preis, den man zahlt, wenn man Jesus folgt

Ein befreundeter Universitätsprofessor, der an der Fakultät der West Chester University of Pennsylvania lehrte, lud mich ein. Ich sollte seinen Studenten erklären, wieso das Christentum eine Bewegung sein könnte, die radikale gesellschaftliche Veränderungen hin zum Besseren bewirken könnte. Ich ergriff die Gelegenheit beim Schopfe, und als ich zu den Studenten sprach, versuchte ich, dies mit überzeugender Leidenschaft zu tun. Ich bemerkte, dass ich das Auditorium wirklich mitreißen konnte und dass viele Studenten bewegt waren von meinen Worten. Sie begannen zu begreifen, dass das Christentum tatsächlich ein primäres Mittel sein könnte, mit dem man Armut, Rassismus, Sexismus, Homophobie, Militarismus und Quellen weiteren Übels überwinden und ausmerzen könnte, und zwar dann, wenn die Menschen zusammen kämen in einer Bewegung, die von Christus inspiriert und von seinem Heiligen Geist durchdrungen war.

Ich tat mein Bestes, um diese doch sehr weltlich eingestellten Soziologiestudenten zu erreichen und da plötzlich stand ganz hinten im Auditorium mein Kollege auf und rief laut und deutlich: „Tony! Tony! Aber erzähl ihnen auch von dem Preis, den man zahlt! Erzähl ihnen, was es sie kosten wird, die Art von Christ zu werden, die Jesus sich gewünscht hat. Erzähl ihnen von den Opfern, die sie bringen müssen, wenn sie wahrhaftige Jünger Christi werden wollen."

Ich war sprachlos. Er hatte ja so recht. Und als ich also den Preis beschrieb, der gezahlt werden müsste, da konnte ich sehen, wie all der Enthusiasmus, der eben noch im Raume geschwebt hatte, sich langsam in Rauch auflöste.

10
Seine Berufung verlieren

Eine Missionsorganisation, bei deren Aufbau ich behilflich war, hat eine Reihe von Stationen in Haiti, dem ärmsten Land der westlichen Hemisphäre. Ab und an nahm ich meine Studenten mit nach Haiti, damit sie die Missionarsarbeit aus erster Hand sehen konnten und eine Vorstellung bekamen von der Armut, die in diesem Land herrscht.

Während einer dieser Reisen begleiteten mich einige der Studenten zu einem kleinen Krankenhaus im Norden von Haiti. Als wir dort eintrafen, sahen wir eine lange Schlange von Menschen, die darauf warteten, beim Arzt oder eine der beiden Krankenschwestern eine Behandlung zu bekommen. Die meisten der Wartenden waren noch Kinder. Es war offensichtlich, dass der Arzt und die Schwestern es nicht schaffen würden, sich um alle zu kümmern, die Hilfe benötigten und am Ende des Tages mussten sehr viele Patienten, auch die meisten Kinder, wieder nach Hause geschickt werden.

Charlie, einer meiner besten Studenten, sagte mit voller Überzeugung in der Stimme: „Hierher werde ich zurückkommen, und zwar als Arzt. Wartet es nur ab. Ich werde mein Studium abschließen, dann werde ich Medizin studieren und dann werde ich als Arzt genau hierher zurückkehren. Ich möchte in meinem Leben etwas bewegen. Ich werde ein paar dieser Kinder retten. Ich werde viele Kinder vor dem Tod bewahren."

Vor ein paar Jahren habe ich Charlie in New York wiedergetroffen. Zu seinen Gunsten muss man sagen: Er ist Arzt geworden. Traurig war nur, was für ein Arzt er geworden war. Er war kosmetischer Chirurg geworden, aber nicht so einer, der Sinnvolles tut, indem er zertrümmerte Gesichter wiederherstellt, nachdem jemand einen Autounfall gehabt hatte. Nein, statt dessen betrieb er die Art von kosmetischer Chirurgie, die dazu beiträgt, dass es immer noch Sexismus in unserer Kultur gibt und dass Frauen nach der Größe ihrer Brüste beurteilt werden. Er macht Brustvergrößerungen.

Charlie erzählte mir, dass es gut lief für ihn und dass er in eine Kirche ging und dort Geld für wohltätige Zwecke spendete. Als er fortfuhr zu prahlen mit all den guten Dingen, die er tun würde, da unterbrach ich ihn und sagte: „Charlie, hör schon auf! Bitte! Charlie, du hattest doch eine Vision. Du hattest einen Traum. Du wolltest etwas ganz Großartiges aus deinem Leben machen. Du wolltest den Notleidenden helfen und dich um die Sterbenden kümmern und jetzt sieh dich bloß an, Charlie. Du hast deine Vision verkauft. Du hast deinen Traum verkauft. Und wofür? Dafür, dass du jetzt in einem Whirlpool sitzen und einen Porsche fahren kannst? Du hast dich selbst verkauft, Charlie. Du kannst es drehen und wenden, wie du willst, aber du hast dich selbst verkauft."

Wenn ich heute an diese Begegnung in den Straßen von New York zurückdenke, dann fühle ich mich ein wenig schuldig. Vielleicht war ich zu hart umgesprungen mit dem jungen Mann, aber auf der anderen Seite war ich nicht härter mit ihm umgegangen als Jesus mit dem reichen jungen Mann im zehnten Kapitel des Markusevangeliums.

11

Es geht um mehr im Leben als nur um Geld

Als eine Gruppe von Harvard-Studenten sich aus Anlass ihres 25-jährigen Abschlussjubiläums an ihrer Hochschule wiedertraf, da hatte die Studentenvereinigung nach der Feier ein Buch zusammengestellt, mit Fotos der Studenten und handgeschriebenen Kommentaren, wohin das Leben sie geführt hatte während der vergangenen 25 Jahre.

In diesem Buch, neben dem Bild eines gut aussehenden jungen Mannes, standen diese einfachen Worte geschrieben: „Zehn Millionen Dollar verdient zu haben, bevor ich 40 wurde, war am Ende doch nicht so wunderbar, wie ich gedacht hatte, dass es sein würde."

Man kommt nicht umhin, sich zu fragen, was genau er wohl sagen wollte mit diesem einfachen Satz.

12

Finde dein eigenes Kalkutta

Eine Frau, die von ihrem Ehemann wegen einer jüngeren Frau verlassen worden war, wandte sich deswegen an ihren Pastor. Während des Gesprächs erzählte sie ihm, wie zerstört sie durch diese Zurückweisung war. Sie sagte, ihr Mann würde ihr zwar genug Geld zahlen, dass sie für den Rest ihres Lebens gut versorgt wäre, aber sie fühle sich innerlich wie tot und sie befürchtete, diesem Rest ihres Lebens keinen rechten Sinn mehr geben zu können.

Nach einer langen Beratung machte der Pastor schließlich einen Vorschlag. Er fragte die Frau, ob sie sich vorstellen könne – da sie doch das nötige Geld hatte – für einige Monate nach Kalkutta in Indien zu gehen und dort mit den Missionarinnen der Nächstenliebe, dem Orden von Mutter Theresa, zu arbeiten. Er erzählte, dass die Menschen, die mit den Ärmsten der Armen in Kalkutta arbeiteten, immer Hilfe gebrauchen könnten und dass sie in der Hilfe für Andere vielleicht einen neuen Sinn für ihr eigenes Leben finden könne.

Die Frau befolgte den Ratschlag ihres Pastors, schrieb nach bestem Bemühen einen Brief an Mutter Theresa und wartete gespannt auf eine Antwort. Die Wochen vergingen und sie hörte nichts. Das beunruhigte sie ein wenig, denn sie hatte gehört, dass Mutter Theresa ihre Post stets persönlich beantwortete. Dann, als sie eines Morgens zu dem Briefkasten vor ihrem Haus ging, fand sie darin einen Brief mit einem Absender aus Kalkutta, Indien. Ihr Name und ihre Anschrift waren mit der Hand auf den Umschlag geschrieben worden. Sie eilte ins Haus und riss ihn auf, um schnell zu lesen, was Mutter Theresa ihr zu sagen hatte. Was sie fand, verblüffte sie. Der Brief war sehr kurz und die Worte einfach: „Finden Sie Ihr eigenes Kalkutta! In Liebe, Mutter Theresa."

Die Nachricht hinter dieser Zeile war der Frau sofort klar. Man muss nicht um die halbe Welt reisen, um Menschen zu begegnen, die in Not sind. Jeder von uns kann ohne Mühe ein Kalkutta ganz in der Nähe finden, dort wo Menschen sterben. Vielleicht nicht an einer Krankheit oder an Hunger, vielleicht sterben sie eher von innen heraus. Die Nachricht beinhaltet, dass unsere eigenen Seelen sich wieder ganz fühlen, wenn wir uns selbst einmal vergessen und jenen, die uns brauchen, die Hand in Liebe reichen.

13

Sei ein Fänger im Roggenfeld

Vor vielen, vielen Jahren las ich während meiner Studentenzeit das Buch „Der Fänger im Roggen" von J.D. Salinger. In dem Buch geht es um einen Teenager, der von der Schule geworfen wird und sich auf den Heimweg nach New York City macht. Bevor er die Schule endgültig verlässt, fragt ihn einer seiner Lehrer ihn noch, was er denn nun mit dem Rest seines Lebens anfangen werde. Der junge Mann antwortet, er wolle ein „Fänger im Roggenfeld" werden.

Er erklärt dem Lehrer, dass er einen immer wiederkehrenden Traum habe, eigentlich eher einen Albtraum, in dem er am Rande eines Abgrundes steht. Er steht mit dem Rücken zum Abgrund und vor sich sieht er viele Kinder, die ziellos durch ein Roggenfeld wandern. Der Roggen steht so hoch, dass die Kinder nicht über ihn hinwegsehen und so nicht sehen können, wohin sie gehen. Manchmal gerät eines der Kinder dem Abgrund zu nahe und stürzt in den Tod. Im Traum hört der junge Mann sich, wie er den Kindern zuruft, sie sollten zurückgehen, aber sie wissen nicht, in welche Richtung es „zurück" geht. „Ich weiß nicht, was ich anderes tun soll, als dort am Abgrund zu stehen und so viele Kinder wie möglich aufzuhalten", erklärt er dem Lehrer. „Ich kann sie nicht alle erwischen, aber ein paar schon. Und wenn ich dann aufwache, denke ich jedes Mal, dass ich ein ‚Fänger im Roggen' werden will, wenn ich groß bin."

Ich denke oft über die Geschichte nach, denn sie drückt so gut aus, was diejenigen von uns antreibt, die sich um das Wohl von bedürftigen Kindern sorgen und bemühen. Am liebsten würden wir sie alle retten, aber es gibt einfach zu viele. Also versuchen wir, so viele Kinder wie möglich zu erreichen, um ihnen von Jesus Christus zu erzählen, ihnen zu raten und beizustehen, ihnen ein Freund zu sein und sie davor zu bewahren, in den Tod zu stürzen. Man könnte also sagen, für viele Menschen ist die höchste Berufung jene, ein „Fänger im Roggenfeld" zu sein.

14

Sich unentbehrlich machen

Der spanische Schriftsteller und Philosoph Miguel de Unamuno sagte, es läge in der Verantwortung eines jeden Menschen, sich „unentbehrlich" zu machen!

Vor diesem Hintergrund erzähle ich nun von einer meiner ehemaligen Studentinnen an der Eastern University. Eines Tages kam sie in mein Büro und strahlte über das ganze Gesicht, weil sie gerade erfahren hatte, dass sie einen Job sicher hatte im Schulbezirk von Abingdon. Sie hatte gerade ihr Lehramtsstudium beendet. Voller Stolz erzählte sie mir: „Es gab mindestens 200 weitere Bewerbungen auf die Stelle, und die Schulbehörde in Abingdon hat sich für mich entschieden!"

Ich bin mir nicht sicher, ob es richtig war, was ich daraufhin tat, denn ich nahm ihr den Wind aus den Segeln, indem ich sagte: „Nun ja, wie schade."

Sie war perplex und fragte: „Wieso schade?"

„Weil dem Bezirk Philadelphia im kommenden Schuljahr ganze 300 Lehrer fehlen werden. In diesen Schulen, in den Problemvierteln, werden Lehrer sehr dringend benötigt. Wenn Sie den Job in Abingdon nicht angenommen hätten, dann würde es dort 199 andere geben, die die Stelle gern sofort nehmen würden. In Philadelphia aber ist der Lehrerbedarf so hoch, dass viele Stellen unbesetzt bleiben, weil niemand sich auf sie bewirbt. Wieso also möchten Sie dort sein, wo viele andere Ihren Job ebenso gern und gut erledigen können? Wieso gehen Sie nicht dorthin, wo Sie wirklich gebraucht werden und wo Sie sich leicht unentbehrlich hätten machen können?"

15
Überreiche Gnade

Als Foy Valentine, Professor für Sozialethik am baptistischen Theologieseminar, noch ein junger Mann war, arbeitete er einen Sommer lang auf der Koinonia Farm in Americus, Georgia. Die Koinonia Farm war ein Projekt, das von Clarence Jordan in den frühen Jahren der Bürgerrechtsbewegung gegründet wurde. Dort lebten und arbeiteten weiße und schwarze Amerikaner zusammen und schickten ihre Kinder zum gemeinsamen Lernen in eine kleine Schule, die sie selbst gegründet hatten. Sie lebten miteinander in guter Kameradschaft und bewiesen so den Menschen in den amerikanischen Südstaaten, dass Schwarze und Weiße wie Brüder und Schwestern miteinander in christlicher Liebe leben konnten. Die Koinonia Farm sollte eine lebende Demonstration von Harmonie zwischen den Rassen sein, die erreicht wurde durch die Macht des Heiligen Geistes.

Foy arbeitete einen ganzen Sommer lang auf der Farm und es war ein sehr positives Erlebnis für ihn. Als er aber an die Universität zurückkehren sollte, da erzählte er Clarence Jordan, dass er sich große Sorgen um seine Zukunft dort machte, weil er das Geld für die Studiengebühren wohl nicht würde aufbringen können. Auf der Farm hatte man ihn für die Arbeit, die er geleistet hatte, nicht bezahlt und so war seine Zeit dort zwar eine wunderbare Zeit gewesen, was seine spirituelle Entwicklung betraf, aber finanziell war der Sommer eben nicht sehr profitabel gewesen.

Jordan hörte sich die Nöte des jungen Valentine an, dann nahm er einen Scheck aus der Schublade, steckte ihn in einen Briefumschlag, reichte ihn Valentine und sagte: „Wenn du an die Uni zurückkehrst, dann öffne den Umschlag und vielleicht wird sein Inhalt dir dann dabei helfen, deine Bedürfnisse zu decken."

Als Foy zurück an der Uni war, da öffnete er den Umschlag. Zu seiner Überraschung enthielt er einen Blanko-Scheck und eine Notiz mit den Worten: „Schreib die Summe rein, die du brauchst."

Die Großzügigkeit Gottes war es, die in Clarence Jordans Großzügigkeit widergespiegelt wurde. Es ist oft so, dass jene, die Gottes Ruf folgen und tun, was Er für sie vorgesehen hat, in Zeiten der Not mit Unterstützung überrascht und erfreut werden.

16

Es liegt in unserer Hand

Die chinesische Tradition kennt eine Geschichte von einem großen Lehrer, der so weise war, dass er die Antworten auf fast alle Fragen kannte, die die Menschen ihm stellten.

Eines Tages heckten ein paar Jungen, die nichts Gutes im Sinn hatten, einen Plan aus. Sie wollten eine Frage so stellen, dass der Meister auf jeden Fall falsch antworten musste.

„So werde ich es machen", sagte einer der Jungen. „Ich werde in meinen Händen einen kleinen Vogel verstecken und dann werde ich den Meister fragen, was ich in den Händen halte. Wenn er sagt: ‚Einen Vogel', dann werde ich ihn fragen: ‚Ist der Vogel tot oder lebendig?' Wenn er antwortet, der Vogel sei tot, dann werde ich die Hände öffnen und der Vogel wird fortfliegen und der Meister hat falsch geantwortet. Wenn der Meister aber antwortet, der Vogel sei lebendig, werde ich den Vogel in meinen Händen zerdrücken, werde die Hände öffnen und ihm den toten Vogel präsentieren. Egal, wie er antwortet, ich werde ihm beweisen können, dass er falsch gelegen hat."

Dann ging der hinterhältige Junge zum Meister, so wie er es den anderen angekündigt hatte. Er sagte zum Meister: „Was halte ich in meinen Händen, Meister?"

Der Meister antwortete: „Einen Vogel."

„Das ist richtig", sagte der Junge. „Und nun, Meister, sage mir – ist der Vogel tot oder lebendig?"

Nach einer langen Zeit des Überlegens antwortete der Meister: „Die Antwort darauf, mein Sohn, liegt allein in deinen Händen!"

So ist es für jeden von uns. Wir alle stehen vor der Entscheidung, ob wir uns dem Plan fügen wollen, den Gott für unser Leben hat, oder nicht.

17

Es gibt immer eine Wahl

Clarence Jordan, der bekannte Bürgerrechtler und Gründer der Koinonia Farm in Americus, Georgia, erzählte mir, wie er einmal einen jungen Mann zu Gericht begleitete. Der Mann hatte sich geweigert, beim Selective Service Office zu erscheinen, nachdem man ihm während des Krieges in Vietnam einen Einberufungsbescheid *) geschickt hatte. Der junge Mann lehnte diesen Krieg aus moralischen Gründen ab und Clarence Jordan begleitete ihn, als er seinen Fall dem Richter vortragen musste. Er war sehr eloquent und sprach mit großer Überzeugung und Leidenschaft.

Der Richter war sichtlich bewegt von der Ernsthaftigkeit des jungen Mannes und es war offensichtlich, dass er ein mildes Urteil fällen würde. Voller Mitgefühl sagte er: „Ich kann Ihre Überzeugungen nachvollziehen und ich erkenne auch Ihre Ernsthaftigkeit und Ihre Entschlusskraft, aber als Vorsitzender dieses Gerichts habe ich keine andere Wahl, als..."

Der junge Mann rief: „Ich möchte noch etwas sagen, Euer Ehren!"

Clarence zog den Jungen am Ärmel und flüsterte ihm ins Ohr: „Sei doch still. Er wird milde urteilen, wenn du dich jetzt zurückhältst."

Der Richter begann wieder zu sprechen und sagte: „Es ist so, dass ich keine andere Wahl habe, als..."

Da rief der junge Mann wieder: „Ich möchte noch etwas sagen, Euer Ehren!"

Wieder begann der Richter zu sprechen und wieder unterbrach der junge Mann ihn. Diesmal fuhr er fort, zu sprechen, und sagte: „Euer Ehren, ich weiß, Sie wollen mir sagen, dass Sie keine Wahl haben. Aber Sie haben eine Wahl! Treten Sie von Ihrem Amt zurück!" Es gibt immer eine Wahl. Sie fällt nur manchmal nicht leicht und manchmal ist der Preis, den man für eine richtige Wahl zahlt, recht hoch.

*) *Anmerkung des Übersetzers: Beim Selective Service Office ist jeder Amerikaner zwischen 18 und 25 Jahren registriert und kann im Falle eines Krieges zum Wehrdienst herangezogen werden.*

18

Unsere Schwächen zu unseren Stärken machen

Ein guter Freund von mir, Dan Chun, ist Pastor in der First Presbyterian Church in Honolulu. Er erzählt ab und an die Geschichte eines Teenagers, der bei einem grauenhaften Autounfall seinen linken Arm verlor. Der Junge litt daraufhin an schweren Depressionen. Eines Tages sagte der Junge zu seinem Vater, dass er gern Judo lernen wollte. Es sei möglich, Judo auch mit nur einem Arm zu betreiben. Der Vater hätte gern alles getan, nur um seinen Sohn ein wenig aufzuheitern, also war er einverstanden und sah sich nach einem Sensei um, der seinen Sohn unterrichten konnte.

Der junge Mann ging dreimal in der Woche zum Training. Er erlernte verschiedene Basisbewegungen des Judo, aber die meiste Zeit des Trainings verwendete er auf eine ganz bestimmte Bewegung. Wieder und wieder stand genau diese Bewegung im Mittelpunkt der Trainingseinheiten und der Judolehrer bestand darauf, dass der Junge sie perfekt erlernte.

Nach einigen Monaten erzählte der Lehrer dem Jungen, dass er ihn für einen Wettbewerb anmelden würde. Der Teenager war sehr überrascht. „Aber Sensei", rief er. „ich nehme doch erst seit wenigen Monaten Unterricht. Ich kenne nur diese eine Bewegung wirklich gut und ich habe doch nur einen Arm. Ich glaube nicht, dass ich schon bereit bin für einen Wettbewerb." Aber der Sensei bestand darauf.

Der Tag des Wettbewerbs kam und der junge Mann war mehr als erstaunt, als er nicht nur die erste Runde gut überstand, sondern auch noch die zweite und die dritte. Er konnte seinen Erfolg kaum fassen. Noch viel überraschter war er, als er tatsächlich die Finalrunde erreichte. Dort musste er gegen den Landesmeister antreten und war überzeugt, dass er keine Chance hatte. Zu seiner kompletten Verblüffung jedoch überstand er den Kampf nicht nur, er gewann ihn sogar.

Auf der Heimfahrt wandte sich der junge Mann an seinen Sensei und sagte: „Ich verstehe das nicht, Sensei. Ich nehme doch erst seit wenigen Monaten Judounterricht. Ich kenne nur diese eine Bewegung wirklich gut und ich habe doch nur einen Arm. Mein linker Arm ist weg. Und trotzdem habe ich gerade den Landesmeister geschlagen. Sensei, wie ist denn das nur möglich?"

Der Sensei antwortete sehr würdevoll: „Nun, du hast aus zwei Gründen gewonnen: Erstens ist diese Bewegung, die du als einzige so gut beherrscht, eine der wichtigsten und effektivsten im Judo. Der zweite Grund, warum du gewonnen hast, ist der, dass die einzig effektive Verteidigung gegen diese Bewegung die ist, den linken Arm des Gegners zu ergreifen."

Jesus sagt uns, dass er Stärken findet in dem, was wir für unsere Schwächen halten. Kurz, was wir für einen Nachteil halten, kann unser großer Vorteil werden, wenn wir im Dienste des Herrn stehen.

Teil 8

Die Gewissheit, die wir brauchen

Teil 8

DIE GEWISSHEIT, DIE WIR BRAUCHEN

Es gibt Zeiten, da werden wir von Zweifeln erschüttert und geplagt. Zweifel an unserer Erlösung, Zweifel daran, ob wir geliebt und akzeptiert werden, Zweifel darüber, was wohl am Tag des Jüngsten Gerichts mit uns geschehen wird und Zweifel daran, ob wir uns in unserem Glauben Gott jemals wirklich sicher sein können. In diesen Zeiten kann der folgende Bibelvers uns helfen, die Zweifel und die Ängste in Schach zu halten:

Was wollen wir nun hierzu sagen? Ist Gott für uns, wer kann wider uns sein? Der auch seinen eigenen Sohn nicht verschont hat, sondern hat ihn für uns alle dahingegeben – wie sollte er uns mit ihm nicht alles schenken? Wer will die Auserwählten Gottes beschuldigen? Gott ist hier, der gerecht macht. Wer will verdammen? Christus Jesus ist hier, der gestorben ist, ja vielmehr, der auch auferweckt ist, der zur Rechten Gottes ist und uns vertritt. Wer will uns scheiden von der Liebe Christi? Trübsal oder Angst oder Verfolgung oder Hunger oder Blöße oder Gefahr oder Schwert? Wie geschrieben steht: „Um deinetwillen werden wir getötet den ganzen Tag; wir sind geachtet wie Schlachtschafe". Aber in dem allen überwinden wir weit durch den, der uns geliebt hat. Denn ich bin gewiss, dass weder Tod noch Leben, weder Engel noch Mächte noch Gewalten, weder Gegenwärtiges noch Zukünftiges, weder Hohes noch Tiefes noch eine andere Kreatur uns scheiden kann von der Liebe Gottes, die in Christus Jesus ist, unserm Herrn.

Römer 8,31-39 (LUT)

1

Ein Glaube ohne Fragen ist ein toter Glaube

Bono, der weltbekannte Rocksänger, wurde für junge Menschen zu einer Ikone. Sein Engagement für die Armen in Afrika im Namen Christi inspirierte Millionen junger Menschen dazu, ihren christlichen Glauben in die Tat umzusetzen und sich zu engagieren im Kampf, „Armut Geschichte werden zu lassen". Bonos christliches Engagement ist unbestritten, daher irritierte es einen seiner Freunde etwas, als Bono einen Song veröffentlichte, der hieß „I still haven't found what I'm looking for" („Ich habe noch immer nicht gefunden, wonach ich suche").

Sein Freund wollte wissen, wie Bono denn nur so ein Statement abgeben konnte, wenn er doch Christus schon begegnet war, und zwar auf eine sehr persönliche Weise und eine Weise, die ihn grundlegend verändert hatte.

„Beantwortet denn deine Verbindung zu Jesus Christus nicht die Fragen, auf die du Antworten gesucht hast?", fragte der Freund.

„Oh, die Tatsache, dass ich zu Christus gefunden habe, beantwortet sicher nicht alle meine Fragen", antwortete Bono. „Eigentlich haben sich dadurch sogar eine Menge neue Fragen ergeben."

2
Unerwartet Jesus begegnen

Mein Freund und Co-Autor Bischof Will Willimon erzählte mir einmal von einer Zeit, als er junger Pastor einer kleinen, ländlichen Methodistengemeinde im Süden war. Eines Abends, nach einem ungewöhnlich schwierigen Treffen mit Kirchenfunktionären, stand Will draußen vor seiner Kirche, um den Text auf der Aushangtafel zu ändern. Alle anderen waren bereits nach Hause gegangen und so stand er dort, allein und frustriert, und suchte die Buchstaben zusammen, mit denen er den Titel der nächsten Sonntagspredigt an die Tafel stecken wollte.

Während er noch unlustig vor sich hinwerkelte, schaute Will auf und bemerkte, dass ein seltsam aussehender Mann neben ihm stand. Der Mann schien einer jener armen Obdachlosen zu sein, die oft in großen Städten durch die Straßen ziehen. In ländlichen Gemeinden traf man sie jedoch eher selten an. Dieser Mann, der einen ausgebeulten Hut und einen abgerissenen Anzug trug, fragte Will: „Bist du der Prediger hier?"

Will sagte: „Ja, das bin ich."

Dann sagte der seltsame Gast: „Ich bin nur vorbeigekommen, um dir zu sagen, dass du den Mut nicht verlieren darfst. Du machst hier gute Arbeit und ich bin sehr stolz auf dich."

Will fragte den Mann, wer er denn sei, und war sehr verblüfft, als der Mann antwortete: „Ich bin Jesus." Damit ging der seltsame Besucher einfach weiter die Straße hinunter. Kein Auto und kein Bus waren in Sicht, die ihn hätten mitnehmen können.

Da lief Will in sein kleines Pfarrhäuschen direkt neben der Kirche und sagte zu seiner Frau: „Mir ist da gerade etwas sehr seltsames passiert. Ein alter Mann in schäbiger Kleidung stand plötzlich neben mir und sagte, ich solle mich nicht entmutigen lassen, ich würde hier einen guten Job machen. Und dann, um dem Ganzen noch die Krone aufzusetzen, sagte er, er wäre Jesus."

Seine Frau schaute ihn ernst an und sagte: „Nun, und woher weißt du, dass er es nicht war?"

3
Die Annahme durch den Vater

Der Kaplan eines christlichen Colleges erzählt davon, wie eines Tages eine sehr aufgeregte junge Studentin in sein Büro kam, um sich beraten zu lassen. Sie saß in dem Stuhl vor seinem Schreibtisch, schluchzte unkontrolliert und hielt ihren Kopf mit den Händen gestützt, in einer Geste völliger Verzweiflung. Dann sagte sie, man hätte sie „geoutet".

„Einige der Mädchen in meinem Schlafsaal haben herausgefunden, dass ich lesbisch bin, und jetzt verbreiten sie die Sache an der ganzen Schule. Ich glaube, es weiß jetzt schon fast jeder und bald wird es auch mein Vater wissen. Mein Vater ist ein guter Mensch, aber er ist sehr gesetzlich und seine wörtliche Auslegung der Heiligen Schrift lässt keine andere Meinung zu als die, dass Menschen wie ich verdammt gehören. Ich weiß, er wird es herausfinden, und wenn er das tut, dann wird er mich verstoßen. Ich liebe meinen Vater und ich bin sicher, wenn er herausfindet, dass ich lesbisch bin, dann wird er nichts mehr mit mir zu tun haben wollen. Ich weiß ja, dass ich es ihm sagen muss, denn früher oder später wird er es sowieso von jemandem hören. Ich habe nur einfach nicht den Mut, es ihm selbst zu sagen und jetzt weiß ich nicht, was ich tun soll", schloss sie und schluchzte noch mehr als zuvor.

Der Kaplan sagte: „Du musst es ihm nicht sagen. Ich werde es ihm sagen und zwar jetzt auf der Stelle." Er griff zum Telefon, wählte die Nummer des Vaters und wartete, während es klingelte. Der Vater hob ab und der Kaplan erklärte: „Ihre Tochter sitzt bei mir im Büro, Reverend. Sie ist eine wunderbare Christin, sie dient Jesus Christus auf wunderbare Weise, seit sie bei uns im College ist. Sie leitet das Team, das hier in unserer kleinen Kapelle die Gottesdienste durchführt und jeder hier weiß, wie viele Stunden sie im Sozialdienst mit den Kindern aus Problembezirken verbringt. Ich könnte Ihnen noch stundenlang davon erzählen, was für eine außergewöhnliche junge Frau sie ist."

Der Vater unterbrach den Kaplan und sagte: „Sie erzählen mir nichts, was ich nicht ohnehin schon weiß. Ich bin sehr stolz auf meine Tochter. Wenn sie in den Sommerferien zu Hause ist, dann arbeitet sie gemeinsam mit mir in unserer Kirche. Sie besucht die Alten, sie betreut Programme für die Jugendlichen und ihre Anwesenheit bereitet jedermann Freude."

Der Kaplan antwortete, indem er sagte: „Dann sind wir uns ja einig. Ihre Tochter ist ein sehr liebenswerter Mensch und eine engagierte Christin - und innerhalb der nächsten 30 Sekunden werde ich herausfinden, ob Sie es wert sind, weiterhin ihr Vater genannt zu werden."

Und so forderte die Gnade die Gesetzlichkeit heraus.

Die gute Nachricht ist, dass des Vaters Gesetzlichkeit weit überstrahlt wurde von der Gnade des Kaplans und dass der Vater schließlich unter Tränen sagte: „Meine Tochter ist meine Tochter. Sie ist und bleibt ein wundervoller Mensch und ich möchte, dass sie weiß, dass sie immer einen Platz haben wird in meinem Herzen und auch in unserer Kirche."

4
Die Liebe einer Mutter

Eines Abends, es war zehn Minuten nach zehn, klingelte unser Telefon. Die Frau am anderen Ende der Leitung sagte: „Dr. Campolo, darf ich Ihnen eine theologische Frage stellen?"

Ich muss gestehen, dass ich nicht davon begeistert war, mit einer mir fremden Person eine theologische Debatte zu führen und das auch noch um zehn Uhr abends. „Worum geht es denn?", fragte ich ein wenig unwirsch.

„Wenn jemand stirbt, tritt dann diese Person im Augenblick ihres Todes vor das Jüngste Gericht oder werden wir alle zum selben Zeitpunkt – sozusagen bei einem einzigen Termin – von Gott gerichtet werden?", lautete ihre Frage.

Ich überlegte, was ich über die Relativität von Zeit wusste und brachte schließlich zum Ausdruck, dass ich der Meinung war, dass wir aller Wahrscheinlichkeit nach alle gemeinsam gerichtet werden würden. Wir würden alle zur gleichen Zeit vor dem Jüngsten Gericht stehen und würden alle zur gleichen Zeit Gottes Urteil über unser Leben hören.

Die Frau sagte: „Vielen Dank. Das zu hören erleichtert mich sehr."

Ich entgegnete: „Gnädige Frau, es ist spät in der Nacht. Wieso rufen Sie mich zu dieser Stunde an, um mir eine theologische Frage wie diese zu stellen? Es erscheint mir schon zu einer anderen Tageszeit eine seltsame Frage zu sein, aber um zehn Uhr abends, wieso?"

Die Frau sagte: „Mein Sohn war homosexuell. Die Kirche, der wir angehörten, sprach über Schwule und Lesben auf so eine schreckliche Weise, dass es ihn in tiefe Verzweiflung gestürzt hat. Vor zwei Wochen beging er Selbstmord. Der Grund, wieso ich Ihnen diese Frage gestellt habe? Nun, ich wollte wissen, ob ich am Tag des Jüngsten Gerichts mit meinem Sohn gemeinsam vor Gott stehen würde. Dann könnte ich Gott erklären, was für ein wundervoller, liebenswerter Junge mein Sohn war. Ich wollte einfach sicher gehen, dass ich da sein würde, um für ihn zu sprechen."

Doch wie viel größer ist Gottes Liebe für jeden von uns.

5

Humor im Angesicht des Todes

Ein katholischer Priester erzählte mir einmal davon, wie er für einen Ordensmann die Sterbesakramente las, der der Kirche und seinem Herrn für viele, viele Jahre treu gedient hatte. Teil der Sakramente ist ein Gebet, während dem der Priester den Sterbenden auffordert, „Satan und all seinem Werk abzuschwören".

Der sterbende Mann entgegnete, mit einem Glitzern in den Augen und einem kaum merklichen Lächeln auf den Lippen: „Pater, ich denke, in diesem besonderen Moment sollte ich niemanden mehr beleidigen."

Und sie lachten gemeinsam. Der Mann drückte noch einmal die Hand des Priesters und dann entglitt er in die Ewigkeit. Diejenigen, die in Christus leben, sind oftmals in der Lage, selbst im Angesicht des Todes noch zu lachen, denn die, die in Christus sterben, wissen, dass der Tod seinen bösen Stachel verloren hat und keinen Sieg erringen kann über den Geist eines gläubigen Christen.

6

Kann ein buddhistischer Mönch „errettet" sein?

Vor einigen Jahren erzählte mir ein bekannter Evangelist von einem Besuch, den er einem chinesischen Kloster abgestattet hatte. Er war eingeladen worden, um den buddhistischen Mönchen, die dort lebten, von Jesus zu erzählen. Nachdem er einen beachtlichen Berg hinaufgestiegen war, betrat er das von hohen Mauern umgebene Klostergelände, auf dem die Mönche lebten. Als er durch das Tor trat, bemerkte er, dass zu seiner Linken in einiger Entfernung ein einzelner Mönch in der Lotusposition saß, tief in Meditation versunken.

Mein evangelischer Freund fühlte eine Eingebung des Heiligen Geistes, hinüberzugehen und mit diesem Mann das Evangelium auf eine sehr persönliche Weise zu teilen. Mit der Hilfe eines Übersetzers erzählte er dem Mönch die Geschichte des Evangeliums. Er öffnete die Heilige Schrift und erläuterte ihm den Weg der Erlösung, so wie er geschrieben steht in Gottes Wort.

Während er noch sprach, erkannte der Prediger, dass der Mönch von seinen Worten tief bewegt war. Er hatte sogar Tränen in den Augen. Mein Freund war nicht sicher, ob die Nachricht wirklich richtig angekommen war und so bot er dem Mönch seine Hand und sagte: „Willst du meine Hand nehmen und mit mir beten und auf diese Weise Jesus in dein Leben einladen?"

Der Mönch blickte ihn an mit einer Mischung aus Betroffenheit und Neugier und sagte: „Ihn in mein Leben einladen? Aber du verstehst nicht. Er ist doch schon in mir. Er ist in mir seit vielen Jahren. Ich wusste Seinen Namen nicht, aber gerade, als du aus deinem Buch vorgelesen hast, da sprach Sein Geist mit meinem Geist und versicherte ihm, dass alles, was du sagtest, wahr ist. Als du mir sagtest, wie Jesus am Kreuz gestorben ist als Strafe für meine Sünden, da bestätigte mir Sein Geist auch diese Wahrheit. Ich würde Ihn ja akzeptieren", fuhr er fort, „und ich würde Ihn auch gern in meinem Leben willkommen heißen, aber er ist doch längst darin. Dennoch bin ich dir dankbar, denn ich kannte Seinen Namen nicht und auch nicht Seine Geschichte, bevor du kamst."

Nachdem mein Freund mir diese Geschichte erzählt hatte, fragte er mich: „Glaubst du, dass Jesus in diesem Mann war, noch bevor ich dort hinkam und dass es Jesus war, der ihn überzeugt hat, dass meine Nachricht wahr war? Und wenn Jesus schon in diesem Mann war, bevor ich zu ihm kam, was wäre mit diesem Mann passiert, wenn er gestorben wäre, ohne dass ich ihm die ganze Geschichte erzählen konnte? Wäre er für die Ewigkeit verloren gewesen? Denn immerhin", so fuhr mein Freund fort, „sagt die Bibel, dass niemand unter diesem Himmel unter einem anderen Namen errettet werden kann. Wie wichtig ist es also, dass man den Namen genau kennt?"

Wir sollten uns in acht nehmen und diese Fragen nicht hochmütig beantworten.

7

Das Fischsymbol

Haben Sie sich jemals gefragt, wieso der Fisch und nicht das Kreuz das älteste Symbol für den christlichen Glauben ist?

Für die frühen Christen lag der Glaubensfokus auf dem auferstandenen Christus. Sie alle waren sich vollständig im Klaren darüber, dass Jesus, als er am Kreuz starb, die Strafe für sie und ihre Sünden auf sich nahm. Sie legten aber auch ihr Augenmerk auf die Worte des Apostels Paulus, der schrieb, wäre Christus nicht von den Toten auferstanden, wir alle noch in unseren Sünden leben würden (vergl. 1.Korinther 15,13). Es war der wiederauferstandene Christus, dem sie ihre Leben überantwortet hatten und der ihr Dasein durchdrungen und gesättigt hatte. Der auferstandene Christus war von entscheidender Bedeutung für sie.

Der Fisch war für die frühen Christen ein Zeichen der Wiederauferstehung. Jesus hatte seinen Jüngern gesagt, dass so wie Jonas im Bauch des Wals (von dem sie meinten, es sei ein großer Fisch) war und nach drei Tagen lebend wieder hervorgekommen war, so würde er, nachdem er drei Tage tot gewesen war, aus seinem Grabe auferstehen. (vergl. Matthäus 12,40). Der Fisch – der leere Fisch – war also das Symbol der frühen Christen für die Auferstehung. Der leere Fisch war das Symbol für das leere Grab; und das leere Grab war von größter Bedeutung für die frühe Kirche.

8

Wir haben den Krieg bereits gewonnen

Andrew Jackson, der später Präsident der Vereinigten Staaten werden sollte, gelangte zu Ruhm als General in der Schlacht von New Orleans, der letzten Schlacht des Krieges von 1812. Einige werden es aus ihren Geschichtsbüchern wissen, eigentlich wurde diese Schlacht geschlagen, als der Krieg schon vorüber war. Der Friedensvertrag wurde am 24. Dezember 1814 unterzeichnet, aber damals verbreiteten sich Neuigkeiten so langsam, dass weder die britischen Truppen noch Andrew Jackson rechtzeitig von dem Beschluss erfuhren. Und so wurde in den ersten Tagen des Jahres 1815 eine erbitterte Schlacht geführt und von Jacksons Armee gewonnen. Wenn er nur gewusst hätte, dass der Krieg eigentlich schon vorüber war und der Frieden bereits gemacht war, wie viel Leid hätte dann vermieden werden können. Wie viele von uns kämpfen unnötige Schlachten?

9

„Balls“ und „Strikes“ ausrufen

Drei Baseballschiedsrichter hatten eine Unterhaltung. Der Erste war ein Fundamentalist und er sagte: „Wenn ich hinter der Home Plate stehe, dann rufe ich die Bälle so aus, wie ich sie sehe." Das ist es auch, was man von jemandem erwarten würde, der die Bibel liest und das, was er dort sieht, einfach so für bare Münze nimmt.

Der zweite Schiedsrichter war ein theologischer Liberaler und er sagte: „Ich rufe die Bälle so aus, wie sie sind!" Liberale reden immer so.

Der dritte Schiedsrichter war ein Existenzialist und er sagte: „Ich rufe ‚Balls' und ‚Strikes', aber sie sind es erst, wenn ich sie so nenne!"

Gott ist gegenwärtig in unserem Leben, aber er wird für uns nur dann Realität, wenn wir uns bewusst dafür entscheiden, seine Präsenz wahrzunehmen und wenn wir uns dafür entscheiden, dass er immer mit uns ist und uns nie verlassen wird.

10

Wo ist die Kirche Gottes?

Ich fuhr durch die Straßen von Mount Joy, Pennsylvania, und suchte nach der Kirche Gottes, wo ich am Abend predigen sollte. Aber ich fand sie nicht. Ich würde jemanden fragen müssen, also hielt ich an einer Tankstelle und fragte den alten Tankwart, ob er wüsste, wo die Kirche Gottes sei und wie ich dort hinkäme.

Er antwortete mit schwerfälligem Südstaatenakzent: „Ich wusste ja, dass die Presbyterianer eine Kirche hier in der Stadt haben und ich wusste auch, dass die Methodisten eine Kirche hier in der Stadt haben", und dann fügte er mit einem Grinsen hinzu: „Aber ich wusste ja noch gar nicht, dass Gott auch eine Kirche in dieser Stadt hat."

Seine Antwort amüsierte mich und ich sagte: „Es verwirrt mich auch ein wenig. Hier scheint es an jeder Straßenecke eine Kirche zu geben, aber die Kirche Gottes kann ich nicht finden. Wie viele Kirchen gibt es denn nun überhaupt hier?"

„Eigentlich gibt es nur die eine!", entgegnete der listige alte Mann. „Ich habe schon versucht, die Prediger dieser Stadt davon zu überzeugen, dass es im Grunde ja nur eine Kirche gibt. Aber ich bringe sie einfach nicht dazu, sich zu einigen."

Der alte Mann hatte recht! Die Zeit ist gekommen für uns alle, der Tatsache ins Auge zu blicken, dass es trotz aller konfessionellen Unterschiede im Grunde nur eine Kirche gibt, die für einen Glauben steht und für eine Taufe.

Kritiker, die uns verspotten, weil sie nur die von Menschen gemachten Differenzen sehen, die uns voneinander trennen, sollten still sein und statt dessen sehen, wie Gott uns vereint, auch trotz all dieser konfessionellen Unterschiede. Wenn wir unsere Einigkeit anerkennen, dann haben wir die gemeinsame Überzeugung, dass Gott mit uns ist und durch uns wirkt. Und dann wird keine dämonische Macht dieses Universums gegen uns etwas ausrichten können.

11

Durchhalten bis zum Ende

Nachdem die Alliierten mit ihrer Ardennenoffensive siegreich waren, war Winston Churchill zu Gast bei einem Galadiner in Westminster. Der Herr, der den britischen Premierminister vorstellte, erklärte, dass die Ardennenoffensive ein für alle Mal bewiesen hätte, dass die britischen Soldaten tapferer seien als die Nazi-Soldaten und dass man darum an diesem Tage den Sieg errungen hätte.

Churchill erhob sich, um seine Rede zu halten und begann mit den Worten: „Es widerstrebt mir, aber ich muss meinem geschätzten Kollegen widersprechen. Die britischen Soldaten waren nicht tapferer als die Nazi-Soldaten. Der Unterschied bestand vielmehr darin, dass die britischen Soldaten einfach fünf Minuten länger tapfer waren als die deutschen Soldaten."

In Momenten des Zweifels, wenn Sie angsterfüllt in die Zukunft blicken, denken Sie an „durchzuhalten!" Die, die durchhalten, werden am Ende errettet werden.

12

Die falsche Botschaft mitnehmen

Ein kleiner Junge durfte seinen Vater in einen Abendgottesdienst begleiten, in dem der Film „Martyrs of the Faith" (Märtyrer des Glaubens) gezeigt wurde. Es war eine sehr plastische Darstellung davon, wie Christen den Löwen zum Fraße vorgeworfen wurden, während die schadenfrohen Römer jubelten, als die Gläubigen einer nach dem anderen zerrissen wurden. Besonders berührend war in dieser Szene die Tatsache, dass die Christen die Löwen weder bekämpften noch versuchten, vor ihnen flüchten. Stattdessen knieten sie sich zum Gebet hin, hoben ihre Hände gen Himmel und ergaben sich in ihren grausamen Tod.

Der kleine Junge, der neben seinem Vater saß, begann herzzerreißend zu weinen. Den Vater berührte dies sehr, glaubte er doch, sein Sohn wäre so bewegt von dem Willen dieser Christen, für ihre Liebe zu Jesus zu leiden oder sogar zu sterben. „Wieso weinst du?", fragte der Vater.

„Weil das kleine Löwenbaby dort gar nichts zu essen abbekommt", schluchzte der Junge.

Das kann jedem passieren: Auch aus einer guten Geschichte können wir die falsche Botschaft mitnehmen!

SCHLUSSWORT

Geschichten wie jene, die Sie gerade gelesen haben, können den verschiedensten Zwecken dienen und ich hoffe, dass sie das auch in diesem Fall tun. Zuerst hoffe und glaube ich, dass sie dem Leser eine Inspiration sind, die ihm eine neue Sicht der Dinge eröffnen kann. Vielleicht haben Sie einen neuen Blick auf Ihnen bereits bekannte Stellen der Heiligen Schrift bekommen und vielleicht haben Sie auch etwas darüber erfahren, wie ein christliches Leben gelebt werden sollte. Ich hoffe, dass Sie mithilfe der Geschichten in diesem Buch auch über Ihr eigenes Leben nachgedacht haben, über all seine Vor- und Nachteile und über mögliche neue Wege, die Sie beschreiten könnten, um Gottes Ruf zu folgen und einer seiner Jünger zu werden. Außerdem wünsche ich, diese Geschichten könnten Ihnen dabei hilfreich sein, wenn es darum geht, das Evangelium mit anderen zu teilen. Das Evangelium seinem Inhalt nach zu erzählen und dabei auf die großen und essenziellen Doktrinen des christlichen Glaubens hinzuweisen, das mag zwar wichtig sein, aber es kann in der Praxis den Zuhörer langweilen und es wird ihm dann schwerfallen, Ihnen weiter zu folgen. Geschichten, die mit praktischen Erlebnissen das unterstreichen, was Sie zu sagen versuchen, werden ihre Botschaft deutlicher machen und man wird Ihnen besser zuhören. Ich selbst verwende während meines Unterrichts und in meinen Predigten sehr viele Geschichten. Einer meiner Studenten nannte mich in meinem Unterricht einmal „Onkel Tony, den Geschichtenerzähler". Ich habe diesen Titel mit Stolz getragen und den Studenten auch darauf hingewiesen, dass er die Thesen aus meinem Unterricht selten vergaß und dass er es den Geschichten zu verdanken hatte, dass er immer sofort verstand, worauf ich hinauswollte. Während meiner Reisen erzählen mir die Menschen oft, dass ihre Pastoren in ihren Predigten meine Geschichten verwenden. Das macht mich wirklich glücklich. Sonntagsschullehrer erzählen mir manchmal, dass sie mithilfe meiner Geschichten ihre Schulstunden beleben. Ich bin jedes Mal überwältigt, wenn ich so etwas höre. Ich ermutige Sie dazu, die Geschichten aus diesem Buch für solche wichtigen Anlässe zu verwenden.

Ich bin sicher, auch Sie haben Ihre eigenen Geschichten, die auf hervorragende Weise die Bedeutung der Guten Nachricht untermauern, und zwar auf eine Weise, die Bezug nimmt auf unseren modernen Alltag. Sie würden mir einen großen Gefallen erweisen, wenn Sie sich die Zeit nähmen, diese Geschichten aufzuschreiben und sie mir zu schicken. Ich halte sehr viele Predigten und bin immer auf der Suche nach neuem Material. Und zu guter Letzt: Schließen Sie mich in Ihre Gebete ein! Ich werde langsam alt und ich bemühe mich, so viel für Christus und Sein Königreich zu tun, wie ich kann, bevor ich endgültig „meine Turnschuhe an den Nagel hänge" und das Rennen beende, das Gott für mich vorgesehen hatte. Beten Sie, dass ich die Kraft haben werde, weiter zu machen und dass ich in den Tagen, die noch vor mir liegen, weiterhin ein gutes Christenleben führen werde, bis ich es schließlich mit einem Gefühl des Triumphes beenden kann. Beten Sie für die Mitglieder der „Evangelical Association for the Promotion of Education", denn das ist die missionarische Organisation, die ich mit aufgebaut habe, was ein Teil meines Lebenswerkes ausmacht. Beten Sie, dass diese Mitglieder der Gesellschaft noch viele Jahre lang die Menschen – vor allem die armen und die unterdrückten Menschen – mit ihrer Hilfe segnen können. Dass die Arbeit dieser Gesellschaft realisiert werden kann und effektiv ist, das ist so vielen ganz besonderen Menschen zu verdanken, bitte denken Sie auch an sie, wenn Sie beten. Viele der Geschichten in diesem Buch haben sie mir erzählt. Sie haben sie erlebt, während sie unter schwierigen Umständen mit bedürftigen Menschen gearbeitet haben. Am Ende werden nicht meine Gottesdienste zählen oder mein Unterricht für die Studenten oder meine Bücher. Stattdessen werden die vielen Hundert jungen Sozialarbeiter und Missionare zählen, die mit mir gemeinsam in der evangelischen Gesellschaft für Berufsförderung und Ausbildung gearbeitet haben. Sie können jederzeit mehr über ihre Arbeit lernen, wenn Sie uns im Internet besuchen unter www.tonycampolo.org und www.eape.org.

Ich danke Ihnen, dass Sie dieses Buch gelesen haben. Wenn Sie einige der Geschichten erzählen, um anderen dabei zu helfen, die „einzig wahre Geschichte" besser zu verstehen, so wird das mein größter Lohn sein. Wenn wir jeden Tag Geschichte schreiben, so ist es doch im Grunde „Seine Geschichte" *), und eben diese Geschichte sollten wir um jeden Preis erzählen.

*) *Wortspiel in der englischen Sprache: History – His Story*

DANKSAGUNG

Autoren schreiben Worte nieder, doch jene, die diese Worte nehmen und sie zu Büchern werden lassen, bekommen meist weniger Dank dafür, als ihnen gebührt. Auch diese Danksagung wird der Leistung so vieler besonderer Menschen nicht wirklich gerecht, die die Entstehung dieses Buches ermöglichten. Da ist Jennifer Cullis, die meine Texte korrekturgelesen hat, und da ist Sarah Blaisdell, die das Manuskript abgetippt hat und mir immer wieder hilfreiche Ratschläge gab. Mark Weising, Herausgeber bei Regal Publishing, verdient den Ritterschlag dafür, wie sehr er hinter diesem Projekt stand und wie er dafür gesorgt hat, dass es in Druck ging. Ich darf auch auf keinen Fall vergessen, James Warren zu erwähnen. Er ist mein Assistent und verbringt viele, viele Stunden damit, all das, was zu meinem Beruf dazugehört, zu koordinieren. Zum Schluss ist da noch meine Frau Peggy Campolo, die alles, was ich schreibe, kritisch liest und mir dann immer wieder erzählt, ich könne es noch viel besser. Ihr gebührt mein ganz besonderer Dank.

Sie würden mir, ich sagte es schon, einen großen und wunderbaren Gefallen tun, wenn Sie Ihre gehüteten Geschichten mit mir teilten. Bitte mailen Sie Ihre Geschichte an meinen Assistenten und er wird Ihre Mail an mich weiterleiten. Ich versichere Ihnen, dass ich die Geschichte nicht verwenden werde, ohne dabei Ihren Namen zu erwähnen.

Meine Adresse lautet:

Tony Campolo
Eastern University
1300 Eagle Road
St. Davids, PA 19087
Die Mail-Adresse meines Assistenten lautet:
jwarren@eastern.edu

INDEX

Shane Claiborne und John M. Perkins

Komm mit mir in die Freiheit

Ein Buch für radikale Jesusnachfolger.

Shane und John sind ein ungleiches Gespann. Der eine jung, der andere alt. Völlig verschiedene Herkunft. Was sie verbindet, sind ihre unkonventionellen Ansichten und Ansätze.

In einem gut zu lesenden Dialogstil entwickeln Shane und John achtzehn spannende Themen für Jesusnachfolger. Sie hören aufeinander, hinterfragen und denken frisch und frei.

Herausgekommen ist eine außerordentlich inspirierende Lektüre: Komm mit mir in die Freiheit.

280 Seiten, Paperback

Bestell-Nr.: 52 50426
ISBN 978-3-86773-119-5